KB196564

쉽게 읽는
융의 분석심리학과 가족

Analytical psychology and family

쉽게 읽는
융의 분석심리학과 가족

김수연 지음

리얼러닝

서문

　모래놀이치료를 배우며 융을 만났다. 동서양의 철학을 넘나드는 그의 이론에 그렇게 흠뻑 빠져버렸다. 「쉽게 읽는 보웬 가족치료」, 「쉽게 읽는 정신역동과 가족」에 이은 나의 세 번째 책인 이 책은 융의 분석심리를 다룬 책이다. 첫 번째 책 「쉽게 읽는 보웬 가족치료」에서 밝혔듯이, 독자 그리고 나 자신과의 약속대로 보웬과 정신역동에 이어 마지막으로 융의 분석심리학으로 가족을 이야기하려 한다. 내가 소화하고 체화한 만큼만 용기 내어 이 책에 담아본다.

　보웬 가족치료, 정신역동에서 다뤘듯이 가족 이야기 중 가장 중요한 것은 어머니로부터의 분리다. 나는 세상에서 가장 힘들고 중요한 작업이 바로 이 작업이라고 생각한다. 보웬은 가족이 얼마나 건강한가를 알고 싶다면, 어떻게 분화하는지를 보면 된다고 단언한다. 정신역동 이론에서는 어머니에 대한 감정, 어머니와 관계 맺는 방식이 곧 그 사람의 일생이라고 했다.

이번 책에서도 어머니란 어떤 존재이고, 자녀는 어머니에게서 어떻게 떨어져 나와야 하는지에 초점을 두었다. 모성 원형은 우리가 생각한 것보다 상상 이상으로 강력하고 끈질기다. 모성 원형의 장악력은 악착같고 집요한 데가 있어, 모성 원형에 사로잡힌 어머니는 만만치가 않다. 여기서는 신화를 통해 얼마나 모성 원형이 강력한지 살펴보려고 한다.

어마어마한 모성 원형 앞에서 자녀가 떨어져 나와 분리하는 것 역시 쉬운 일이 아니다. 어머니와의 분리 작업이 얼마나 힘들고 어려운가를 민담과 신화를 빌어 볼 것인데 그 과정은 목숨을 걸어야 할 만큼 힘든 작업이다. 더불어 융은 강력한 모성 원형에서 여성들이 해방되어 어머니가 아닌 여성 한 사람으로 살아가길 소망했다. 여성의 영혼이 진정한 자유와 해방감을 누리길 소원한 것이다.

이 책의 앞부분에서는 분석이론을 이해하기 위한 기초적인 개념을 다룰 것이다. 그다음 신화의 비유와 은유를 통해 모성 원형을 다룰 것이다. 책의 후반부에서는 어머니를 벗어나 우리가 어디로 어떻게 나가야 할지를 제시하고자 한다. 결국 가족의 중심인 여성은 자신의 여성성을 이해하고 수용하며, 여성성을 믿고 따라가는 삶을 살아야 한다. 그래야 가족이 살아난다.

신앙적으로 힘들었던 인생의 한 지점에서 융의 이론은 터닝포인트가 되었다. 수행이라는 길을 안내하신 신의 뜻에 따라 이제 막 초입에 들어섰다. 이제 시작임에도 불구하고 전인격화라는 신의 계획에 놀라움을 금치 못한다. 선물로 받은 무한한 신뢰와 감사함을 이 책에 담아본다.

이번 책에서도 어머니란 어떤 존재이고, 자녀는 어머니에게서
어떻게 떨어져 나와야 하는지에 초점을 두었다.
모성 원형은 우리가 생각한 것보다 상상 이상으로 강력하고 끈질기다.
모성 원형의 장악력은 악착같고 집요한 데가 있어,
모성 원형에 사로잡힌 어머니는 만만치가 않다.
여기서는 신화를 통해 얼마나 모성 원형이 강력한지 살펴보려고 한다.

들어가면서

마음mind, 영혼soul, 심혼spirit 으로 불리어 온 정신은 그리스어 Psyche 에서 비롯된 말로, 고대부터 이어져 온 오래된 개념이다. 하지만 정신에 대한 정의는 지금까지 정립되지 않은 채 아직도 의견이 분분하다. 그만큼 인간의 정신은 밝혀지지 않은 것이 많고, 뭐라고 말하기에는 매우 복잡하다는 뜻이다. 융은 정신psyche 이란 의식과 무의식을 모두 포괄하는 것으로 심혼이라고 불렀다.

실험심리학의 창시자, 빌헬름 분트Wundt 로 시작된 근대심리학은 자연과학처럼 인간의 정신을 설명하려고 했지만, 그것은 그리 쉬운 일이 아니었다. 사람의 마음을 수치화해서 측정한다는 일이 과연 가능한가? 예를 들어 사랑하는 연인의 사랑을 수치화해서 누가 얼마만큼 더 사랑하는지 비교한다는 것이 가능한 일인가? 측정, 수치화, 통계를 통한 검증이 과학이라고 말하는 시대에서 무의식을 다루는 영역은 심리학의 주류에서 밀려났다. 무의식이 있다는 사실은 누구나 안다. 만약 무의식을 측정할 수 있다면 그것은 이미 무의식이 아니다.

　무의식을 다룬 심리학을 심층심리학이라고 부른다. 대표적인 학파는 프로이트의 정신분석학, 융의 분석심리학 그리고 아들러의 개인심리학을 들 수 있다. 융과 아들러는 처음에 프로이트의 제자로 시작했지만, 그들은 정신의 구성 요소, 무의식, 리비도, 인간의 기본 욕구 등 이론을 구성하는 가설과 개념에서 프로이트와 상당히 다른 견해를 가졌다. 결국 융과 아들러는 정신분석 학파에서 떨어져 나와 그들만의 독창적인 이론을 주장했다.

융의 묘지
(출처: 김수연)

무의식은 억압된 것이 모이는 쓰레기통이 아니라 바다같은 곳이다.
무의식은 의식과 별개로 작동하는데, 무의식은 흩어진 정신을 하나로
통합시키는 핵을 가지고 있다. 통합이라는 방향으로 스스로 작동하는
것이다. 그 핵을 융은 자기원형이라고 불렀다.

1장

분석심리학 들어가기

융이 말하는 인간의 정신

의식과 무의식

융은 인간의 정신이 의식과 무의식으로 이루어졌다고 생각했다. 여기서 의식이란 '내가 아는 세계', '내가 의식하고 있는 것'을 말한다. 의식의 중심에는 자아 ego 가 있다. 자아를 통해서 연상되는 생각, 마음, 느낌을 의식이라고 한다. 반면 자아에 속하지 않는 것, 자아와 아직 연결되지 않은 것은 무의식이라 한다. 무의식은 자아의 통제 밖에 있는 미지의 정신세계다. 이것은 '내가 모르는 세계'로, 의식과 상관없이 독립적이고 자율적으로 움직인다. 무의식의 중심은 신을 뜻하는 '자기 Self '이다.

의식은 주로 언어로 이용하여 외부 대상을 향해 생각으로 표현된다. 반면 무의식은 언어가 아니라 이미지로, 외부가 아닌 자기 안에서 마음대로 표현되며 감정이 내포되어 있다. 무의식의 자율적 유희를 보통 '꿈꾼다'라고 한다(이유경, 2008). 의식과 무의식은 표현하는 방식이나 내용이 다르다.

무의식은 어둠 속 깜깜한 저 깊은 곳, 맨홀 뚜껑을 열고 한참을 들어가야 볼 수 있는 것이 아니다. 융은 의식 근처 어디쯤 나란히 무의식이 있다고 주장했다. 예를 들어 불현듯 딴생각이 들거나, 무엇을 하려고 했다가 갑자기 하려던 것을 잊어버렸을 때가 바로 무의식이 작동하는 때다. 자아를 거치지 않는 모든 것 그리고 기억하지 않아도 될 만큼 사소한 일 모두 무의식이 된다.

인간의 기본 욕구: 전인격화

신체의 발달과 마찬가지로 정신의 발달도 순서와 시기가 정해져 있다. 인간의 정신은 인류가 거쳐 간 그 자취를 그대로 밟아 가도록 이미 계획되었다. 인간의 정신은 전인격화, 全人格化, Individuation 를 향해 발달한다고 융은 보았다. 여기서 전인격화란 무의식의 의식화, 즉 자아 ego 와 자기 Self 가 합쳐지는 대극합일 大極合一, 개별화, 자기실현을 말한다.

마치 식물이 빛을 향해 자라듯, 무의식은 의식화되고 싶어 한다. 이렇게 인간의 정신은 전인격화를 향해 스스로 작동하도록 프로그래밍 되어 있다. 이것이 인간의 본능이자, 기본 욕구이고, 신의 큰 뜻이며 자연의 섭리다. 무의식은 씨앗으로 가득 차 있는데, 이 씨앗들은 장차 의식화라는 꽃으로 활짝 필 것이다.

이 과정은 의식과 전혀 상관없이 무의식이 스스로 작동하는 것이다. 예를 들어 갓 태어난 아기는 하루 대부분을 잠을 잔다. 이때 아기는 아무것도 안 하는 게 아니다. 프로그래밍 된 대로 아기는 REM $^{Rapid Eye Movement}$ 수면을 통해 정신에 이미지 즉 심상心像을 열심히 만드는 중이다. 무의식은 씨앗에서 꽃이 피길 간절히 기대하면서 열심히 품고 기르고 있다.

정신적 에너지를 스스로 만들어 내지 못하는 의식은 에너지를 무의식으로부터 얻어야 한다. 아기가 자라려면 어머니의 젖을 먹고 어머니의 사랑을 받아야 하는 것처럼, 아기(의식)는 어머니(무의식)으로부터 신체적·심리적 에너지를 얻는다. 그래서 의식이 새로 태어난 아기라면 의식을 키우는 것이 바로 무의식이고, 무의식은 어머니라 할 수 있다. 융(1981)은 의식이 열린 마음으로 소중하게 무의식을 대하면, 무의식은 의식이 필요한 에너지를 기꺼이 줄 것이고, 그러면 의식은 삶을 살아갈 활력을 얻을 수 있다고 보았다.

심리 혹은 정신이라는 말은 그리스어인 프시케^{psyche} 에서 비롯되었다. 그리스 신화에서 프시케라는 여성은 아프로디테를 능가하는 아름다움을 가져, 아프로디테의 시기와 질투를 샀다. 프시케는 아프로디테의 아들 에로스와 결혼하지만 에로스와의 약속을 깨는 바람에 에로스에게 버림을 받고, 시어머니 아프로디테의 모진 시집살이와 불가능한 미션을 잘 마친 끝에 인간 중에서 유일하게 신이 된 사람이다.

프시케는 그리스어로 '나비'를 뜻한다. 조물주가 흙으로 인간을 빚은 후 코에 입김을 불어 넣었다는 이야기도 있고 나비가 코로 들어갔다는 이야기도 있는데, 입김 혹은 나비가 바로 영혼이다. 나비는 변태 동물이다. 알에서 애벌레로, 번데기로 그러다 성체인 나비가 된다. 프시케라는 말은 전혀 다른 차원으로 변환한다는 상징을 담고 있다.

다른 말로 인간은 프시케처럼 '신'이 되어야 하는 운명이란 뜻이다. 자아가 원하든 원하지 않든, 인간은 무의식을 잘 인식해서 자기만의 것으로 통합해야 하는 운명을 가지고 태어났다. 하지만 그 운명을 거스를 때는 많은 대가를 치러야 한다. 마음에 병이 들던지, 몸이 아프던지, 소중한 관계가 파탄 나던지 등등 혹독한 대가를 지불해야 한다. 융은 이런 고통 역시 신의 계획이라고 보았다.

인격에 변형이 일어나다

융은 정신이 발달한다는 것을 인격의 변형으로 보았는데, 이것은 부활[1]을 의미한다. 부활한다는 것은 낡은 인격이 죽고 새로운 차원의 인격이 다시 태어난다는 뜻이다. 인간의 부활은 죽을 운명을 타고난 존재가 불멸의 존재로, 육체적인 존재가 영적인 존재로, 인간적인 존재가 신으로 변형됨을 말한다.

---

1 부활에는 여러 가지 의미가 있다.
1) 윤회: 다른 육체로 다음 생에 태어나는 것이다. 인격의 연속성이 있는지는 모르겠지만 카르마의 연속성은 있다.
2) 환생 : 인격은 지속적이고 기억 가능한 것으로 다시 태어날 때 인격의 지속성을 지니고 있다.
3) 부활 : 죽은 후 인격에 변화, 변질, 변형이 일어나, 되살아난 존재가 다른 존재가 된다.
4) 소생 : 개인의 일생 안에서 일어나는 부활이다. 분석심리학에서의 인격 변형에 해당한다.

인격의 변형은 인격의 확장과 성장도 있지만 반대로 인격의 축소도 있다. 고대 인류가 '영혼의 상실'이라고 부른 인격의 축소는 정신 기능의 저하라 할 수 있다. 정신 기능이 떨어지면 맥을 못 추고 우울해진다. 하루를 살아낼 희망이나 용기가 사라지고 에너지가 바닥나 몸이 천근만근 무거워진다. 이런 현상은 주로 신체적·심리적으로 지쳐 있거나 병이 났을 때, 충격을 받았거나 감정이 격해졌을 때 일어난다. 그러면 자신감이 떨어지고 자기중심적으로 되어 심리적으로 시야가 좁아지면서 인격이 부정적으로 변한다(Jung, 1981).

인격의 확장이 일어나려면 외부에서 새로운 내용이 인격으로 들어가야 확장이 이뤄진다고 생각할 수 있다. 그러나 이런 방식은 오히려 인격의 확장을 방해한다. 인격의 확장이 외부에서 들어온다고 생각하면 할수록, 이런 방식을 고수하면 할수록 인격의 확장이 일어나는 대신 내면이 더 초라해지고 가난해진다. 외부에 중요한 무언가가 들어오려면 우선 그 사람의 내면이 그것을 받아들일 준비가 되어 있어야 한다. 정신이 건강하고 마음이 풍요로워지려면 바깥에 있는 것을 많이 동화해야 하는 것이 아니라, 그 사람 안에 내면이라는 그릇이 준비되어 있어야 한다는 것이다. 내면에 받아들일 그릇의 크기만큼, 외부의 좋은 것을 받아들일 수 있고, 그것을 자기 것으로 만들 수 있다. '맡은 과업만큼 성장할 수 있다'라는 말이 늘 옳지는 않다. 과업을 감당할 재량이 되지 않는 사람이 과업을 맡으면 성장이 일어나는 대신 거꾸로 그 사람을 궁지로 몰고 가 박살낼 수도 있다. 사도 바울에게 예수님이 온 사건은 중요하다. 하지만 사도 바울이 준비되어 있지 않다면 아무 소용이 없다. 예수님은 사도 바울의 무의식

깊은 곳에서 오셨다(Jung, 1981).

정신(마음)의 구조

융은 우리의 마음이 〈그림 1-1〉처럼 생겼다고 생각했다.

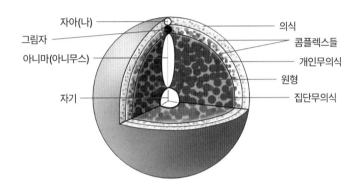

〈그림 1-1〉 정신(마음)의 구조

의식의 가장 바깥쪽, 세상과 마주하는 겉껍질과 같은 부분을 페르소나라고 한다. 가면이라는 어원을 가진 페르소나는 남들에게 보여줘야 하는 '나'이다. 페르소나는 우리가 상황에 맞춰 옷을 갈아입는 것처럼 어머니, 아내, 딸, 누이, 며느리라는 역할의 옷을 갈아입는다. 페르소나는 해야 하는 역할, 의무, 도리, 명분, 가치관과 맥락을 같이 한다.

무의식은 다시 개인무의식과 집단무의식 두 가지로 나뉜다. 개인무의식은 프로이트가 말하는 무의식과 같은 개념이다. 개인이 인정하기 어려워 억압하거나 별로 중요치 않아 잊힌 기억이 담긴 곳이다. 매우 개인적인 부분이라고 해서 개인무의식이라 부른다. 가장 깊은 곳에 있는 무의식이 바로 집단무의식이다. 집단무의식은 융의 분석심리학에서 독보적인 개념으로, 인간이 태어날 때부터 가지고 나온 것이다.

융은 집단무의식을 사이코이드 psychoid [2], 즉 뭐라고 말할 수 없는 것이라고 불렀다. 무의식이라는 아래쪽으로 내려갈수록, 오늘날에서 그 옛날 처음으로 돌아갈수록 집단적이 되고 보편적이 된다. 또 정신은 사라지고 육체라는 물질이 되어, 심리적인 것과 신체적인 것이 마구 섞여 있다.

사이코이드라는 발원지는 상상과 영감의 저장소이며, 기적과 치유가 일어나는 곳이다. 의식이 세속적인 곳이라면 무의식은 야성이 살아있는 곳이다(Estés, 1994).

---

2   사이코이드는 심리적 세계와 신체적 세계를 거슬러 올라가면 만나게 되는 발원지 Headwaters 라는 뜻이다.

정신은 무엇으로 채워졌는가: 콤플렉스

정신에도 유전자가 있다: 원형

인간은 태어날 때 백지상태 Tabla rosa 라는 주장에 융은 반대했다. 실제로 아기의 정신이 백지가 아니라는 것이 밝혀지고 있다. 태어나기 이전에 이미 인간의 정신에는 집단무의식이 탑재되어 있다는 것이다. 집단무의식에는 인류의 조상이 몇 만 년 동안 겪은 수많은 경험을 농축한 결정체, 즉 원형이라는 정신적 DNA로 가득 차 있다. 인간이라면 모두 가지고 있는 원형이라는 심리적 유전은 조상으로부터 물려받은 소중한 정신적 유산이다.

처음에 융은 집단무의식이 본능과 원형으로 이루어졌다고 보았다. 본능과 원형은 인간이라면 당연히 가지는 유전적이라는 점, 또 집단적이고 보편적이며 역동적이라는 점에서 그 속성이 비슷하다. 그래서 융은 나중에 본능과 원형을 같은 개념이라고 봐도 무방하다고 했다.

원형이란 본능의 무의식적 이미지, 본능적인 패턴(Jung, 1981)을 말한다. 예를 들어 모성 원형은 임신, 출산, 양육과 관련된 어머니의 고유한 속성과 본능, 자애로움과 헌신 같은 특성을 모아 놓은 것이다. 어머니에 관한 경험 중 누구나 겪을 수 있는 요소만 골라 최소공배수처럼 요약해 놓은 것이 원형이다. 융(1981)은 모성 원형이란 어머니다운, 어머니에 관한 원초적인 이미지라 했다. 탄생, 죽음, 성장, 신 등 인간이 경험할 수 있는 가짓수는 수없이 많다. 그래서 원형도 우리가 삶에서 겪는 경험의 수만큼 엄청나게 많다.

아기는 어떤 외부 세상의 자극을 그냥 경험하는 것이 아니다. 아기는 자기가 경험한 것을 어떤 틀에 맞춰 어떤 경향성대로 경험하고 이해한다(Jung, 1981). 아기가 어떤 경험을 하면 그것에 해당하는 원형에 불이 켜지면서, 누가 가르쳐주지 않았는데도 그 경험이 어떤 뜻인지 저절로 알게 된다. 융은 준비 없이 일어나는 경험은 있을 수 없다고 했다. 선천적으로 타고난 정신 구조가 있어서 그 경험을 할 수 있는 것이다. 그것이 바로 원형이다.

알에서 갓 나온 오리 새끼는 가르쳐주지 않아도 어미가 누군지 알아볼 수 있다. 즉 오리는 어미를 알아볼 수 있는 본능, 즉 특별한 유전자를 가지고 있어서, 어미가 누구인지 별도로 학습할 필요가 없다. 오리 새끼에게 '어미'라는 원형이 활성화되면 저절로 어미를 알 수 있다(Moore & Gillette, 1990).

아기의 정신은 아무거나 담을 수 있는 빈 그릇이 아니다. 아기의 정신은 엄청나게 복잡하고 정교하게 만들어졌다. 그저 우리가 볼 수 없을 뿐이다 (Jung, 1981). 인간의 정신은 인간이라는 종에 맞춤 설계된 것으로, 이 설계대로 따라가면 가장 인간다워지도록 고안되었다. 집단무의식은 인류의 조상이 지혜를 응축시켜 후손에게 물려준 고맙고도 귀한 선물이다.

융은 집단무의식을 객관 정신이라고 불렀다. 객관 정신이란 개인적이고 주관적인 것이 아니라 집단적이라는 뜻이다. 집단적이란 말은 보편적이어서 인간이라면 누구나 알고 모두가 수긍하는 것을 뜻한다. 드러나길 원하고 공유하는 것을 좋아하는 집단무의식을 객관 정신이라고 한다. 반면 개인적인 것은 매우 사적이고, 사람들이 알게 되면 곤란한 내용이 있어 알려지길 싫어한다. 공유하길 꺼리고 익명을 원하는 개인무의식을 주관 정신이라고 부른다.

원형과 콤플렉스

원형이란 개념은 고대 그리스 시대부터 사용되어 온 것으로 플라톤의 이데아와 비슷한 개념이다(Jung, 1981). 무의식을 이루는 원형과 본능은 감정으로 이루어져 있다. 이때 감정은 사회적인 요소를 지닌 정서 feeling 보다는 감정 emotion 이나 자동반사반응에 가까운 뜻으로 정동 affect 이라고도 한다.

융이 말하는 콤플렉스는 원형이라는 핵에 개인이 경험한 감정과 생각이 더해져서 콤플렉스 Komplex 가 된다. 인간의 마음은 '심리적 감정 복합

체'라고 불리는 콤플렉스로 채워져 있다. 즉 콤플렉스는 인격을 이루는 기본 입자다.

어머니나 아버지 같은 어떤 이미지에 붙어 있는 감정과 생각이 바로 콤플렉스인데, 이 콤플렉스는 자율적으로 움직이는 하나의 인격체다. 모성 콤플렉스, 부성 콤플렉스는 별개의 인격체로 한 사람의 인격을 대표할 정도로 힘을 행사할 수 있다고 융은 보았다.

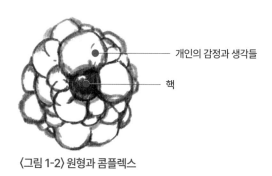

〈그림 1-2〉 원형과 콤플렉스

원형이 있다는 증거

우리는 원형(콤플렉스)이 있다는 것을 어떻게 알 수 있을까? 첫째, 집단무의식의 원형은 인류가 탄생한 이래 인류가 겪은 모든 경험이 함축되어 세계 곳곳에는 깜짝 놀랄 만큼 비슷한 신화나 전설, 민담이 있다. 예를 들어 기독교의 핵심인 예수의 부활처럼 신이 부활하는 내용은 기독교뿐만 아니라 이슬람교, 고대 수메르인, 아메리카 원주민의 신화에서도 등장한다. 이집트의 파라오는 한번은 인간으로, 또 한번은 신으로 두 번 태어난다. 민담에서도 마법에 걸려 다시 깨어나면서 두 번 태어나는 내용이 많다. 콩쥐 팥쥐나 신데렐라 같은 계모 이야기는 세상 곳곳에서 발견된다. 이뿐만 아니라 인간의 탄생과 죽음에 대한 비슷한 믿음과 신념, 꼭 닮은 생활풍습과 놀이가 세상 곳곳에 널려 있다(Neumann, 1994).

둘째, 인류의 역사를 볼 때 일어난 사건의 시기와 내용이 비슷한 경우가 많다. 이것은 원형이 작동했기 때문에 일어난 일이다. 인간은 자기 생각이나 감정을 표현하려는 본능을 가지고 있다. 고대 인류는 벽에다 그림을 그리고 상형문자로 기록하면서 이런 욕구를 표현했다. 대륙을 넘나드는 것이 극히 어려운 그 시절, 한 가지 놀라운 사실이 있다. 너무 멀리 떨어져 있어서 서로 만날 가능성이 거의 없음에도 불구하고, 대륙마다 발견된 고대 인류의 상형문자가 같은 모양, 같은 의미라는 점이다.

예를 들어 동심원◎은 근처에 물이 있다는 의미로 물이 소용돌이치고 있는 모습을 본뜬 것이다. 또 비슷한 시기에 각 문화권에서는 비슷한 생각이 생기고 비슷한 사건이 일어난다. 예를 들어 금속활자는 200년 정도 간격을 두고 동양과 서양에서 발명되었다. 또 계몽사상처럼 평등과 인간 존중에 관한 생각은 얼추 같은 시대에 출현했다. 인류의 의식에 불이 켜지는 시기가 비슷한 것은 의식의 진화를 이끄는 원형의 작용이라고 볼 수 있다.

원형은 의식화가 방해받는 곳, 그래서 의식화가 가장 더딘 곳에서 가장 힘이 세다고 융은 주장했다. 원형이 의식화되지 못하고 무의식에 머물러 있으면 원형은 환상이나 공상으로 그 모습을 드러내는데, 공상의 힘이 현실을 압도할 때 원형은 강력한 힘을 발휘한다. 아기의 전능 환상이 그 대표적인 예다. 이 시기의 아기는 부모를 신이라고 여긴다. 그러다 아기의 의식이 점점 자라게 되면, '신'인 줄 알았던 부모가 허물도 있고 한계도 있는 사람임을 알고 실망한다. 부모를 신격화하는 현상은 어른이 될 때까지 이어지다 엄청난 저항 끝에 포기하게 되는데, 이런 과정도 모두 원형이 하는 일이다(Jung, 1981). 아기가 신의 모습을 부모에게 투사하는 내용이나 과정이 모두 같다.

셋째, 극심한 스트레스를 받거나 자아가 감당할 수 없는 상황에서 콤플렉스가 등장한다. 콤플렉스를 다른 말로 '해결하지 못한 감정의 응어리'라고 한다. 감정의 응어리가 얼마나 강하냐에 따라 자아가 콤플렉스를 통제할 수 있느냐 없느냐가 결정된다. 심리적으로 뭉쳐있는 감정이 너무 세면, 평소와는 전혀 다른 인격으로 돌변하여 콤플렉스는 자신의 존재를 드러낸다. 이것은 스트레스가 너무 극심한 나머지 인격이 콤플렉스에게 압도당했기 때문이다. 콤플렉스가 인격을 주도하는 순간, 상황은 난장판이 된다. '그게 나라고?' 하며 도저히 그 사실을 받아들일 수 없는 사람은 자신의 콤플렉스를 인식할 수 없기 때문이다. 엉뚱한 실수를 하거나 어이없는 일을 저지르는 것도 마찬가지다. 이것 역시 자아를 밀어내고 특정 콤플렉스가 주인공이 되어 인격을 대표할 때 일어나는 일이다. 콤플렉스를 다른 말로 하면 부분 인격이다. 그래서 융은 '우리는 모두 다중인격자'라고 했다.

고대 인류는 현대 인류보다 의식이 덜 계발되어 무의식에 쉽게 침잠되었다. 그렇다고 해서 현대 인류가 더 지혜롭고 더 건강하다고 누가 말할 수 있을까. 현대 인류는 과학과 문명의 발달로 인해 무의식을 무시하고 외면하면서 '신'을 잃어버렸다. 자신의 콤플렉스를 인식하지 못하고 부정하는 현대 인류를 과연 고대 인류보다 뛰어나다고 할 수 있을까? 적어도 고대 인류는 평소의 자신과 특정 콤플렉스를 구분할 줄 알았다. 그리고 훨씬 진지한 태도와 진심을 담아 무의식을 대하며 살았다.

예를 들어 고대 인류는 전쟁 같은 특별한 상황에서 전사라는 특정 콤플렉스를 자기의 대표 인격으로 의도적으로 사용하곤 했다. 사냥이나 전쟁을 나가기 전에는 특별한 날을 정해 평소의 그 사람이 아닌 전사의 인격을 갖추는 의식을 치렀다. 분장하고 전투복을 입으면서 전사라는 '마나mana' 인격으로 바꾸는 것이다. 마나란 폴리네시아 언어로 '마법의', '초인간적인', '초월적인'이라는 뜻이다. 이런 의식을 치르는 이유는 평소 인격으로는 사람을 죽이고 파괴하는 전쟁의 잔혹함을 감당할 수 없기 때문이다. 잔인한 행동을 할 수 있는 것은 그 사람이 아니라 마나의 힘을 빌린 전사가 하는 일이다. 전쟁이 끝난 뒤에도 역시 의식을 치렀다. 곧장 집으로 돌아오지 않고 전쟁에서 사용했던 인격을 벗은 후 평소 인격으로 돌아오는 의식을 치른 다음 집으로 돌아왔다.

넷째, 매일 밤 우리는 꿈에서 콤플렉스를 만난다. 꿈의 등장인물은 부분 인격들이 각각의 사람이 되어 등장한 것이다. 융은 정신질환을 앓는 환자의 공상이나 꿈에 신화적 내용이 상당히 많다는 것을 예로 들면서 원형이 있다는 것을 주장했다.

다섯째, 명상이나 심리치료를 통해 원형 체험을 할 수 있다. 위빠사나는 배 부름과 배 꺼짐에 집중하는 좌선과 걸을 때 발에 집중하는 행선으로 이루어져 있는데, 객관적인 관찰이 위빠사나의 핵심이다. 위빠사나는 괴롭고 힘든 마음에서 벗어나 의식을 성장시켜 깨달음(전인격화)에 이르게 하려는 목표가 있는데, 수행 과정에서 원형 체험은 매우 흔한 일이다.

스탠 그로프 Stan Grof 부부가 개발한 숨 치료 Holotropic breath work [3]에서도 원형 체험을 할 수 있다. 숨 치료는 비일상적 의식 상태로 유도하여 무의식에 접근하는데, 이 과정에서 억압된 그림자뿐만 아니라 집단무의식의 원형 체험이 강렬하게 일어난다.

원형의 특징

원형은 다음과 같은 특징을 가지고 있다. 첫째, 원형의 내용은 모두 양가적으로, 대극을 이루고 있다. 예를 들어 모성 원형에는 사랑, 헌신, 양육과 같은 자애로운 어머니의 속성이 있지만, 자녀를 꼼짝 못 하게 붙들거나 자녀의 숨통을 틀어잡고 죽이는 부정적인 면도 있다.

둘째, 원형은 우리에게 무의식에 귀를 기울이고 삶을 진지하게 받아들일 것을 끊임없이 요구한다. 몸을 무리하게 혹사하면 병이 생기는 것처럼, 콤플렉스가 보내는 메시지에 귀를 기울이지 않고 무시하면 신경증과 정신병으로 이어지기 쉽다(Jung, 1981). 이런 곤란함에 대해 우리가 할 수

---

3 한국에서는 트숨 치료라고 소개하였다.

있는 제일 좋은 방법은 콤플렉스를 자각하고 인식하는 것이다. 그러면 막무가내인 콤플렉스의 행패는 점점 힘을 잃을 것이다.

셋째, 원형에는 초월적 기능이 있다. 인생 전반기에 이루어야 할 과제는 의식을 계발하고 의식의 중심인 자아를 구축하는 것이다. 그런데 여기에서 문제가 발생하기 시작한다. 무의식에서 태어난 우리가 의식을 향해서만 사는 것을 무의식은 묵과할 수 없다. 중년기가 되어서도 이런 태도로 일관하면, 결국 의식과 무의식 사이에는 엄청난 대립이 일어난다.

매우 고통스럽고 혼란스럽지만, 이 둘 간의 첨예한 갈등은 인격의 변화를 도출하기 위한 신의 계획 때문에 일어난 것이다. 극심한 갈등으로 신체적·심리적·사회적 문제가 일어나고 자신이 와해할 정도로 힘들어질 때, 어려움을 해결하는 것이 바로 원형이다. 인격 일부만 가지고 사는 딱한 인간을 돕기 위해 신이 나선 것이다. 무의식에 관심을 가지고 귀를 기울이면, 원형은 자기 탐색을 꾀해서 세상을 보는 태도를 전환한다. 원형의 이런 기능을 융은 '초월적 기능'이라 불렀다.

원형은 우리가 무의식의 내용을 의식하길 간절히 원한다. 만약 의식화 작업을 외면한 채 그저 무의식을 공상이라고 치부한다면, 밤마다 원형이 강력한 모습으로 꿈에 나타나 그 사람을 괴롭힐 것이다. 반대로 자아가 '적극적 상상'[4]이라는 방식을 통해 무의식을 의식화한다면 꿈의 내용도 바뀌고 사나운 원형이 출현하는 강도나 빈도 역시 줄어들 것이다(Jung, 1981).

초월적 관점을 갖는다는 것은 마치 산꼭대기에 서서 산 아래의 폭풍을 바라보는 것과 비슷하다. 만일 우리가 자신에 대해 객관적으로 바라볼 수 있다면 우리는 감정에 휘둘리지 않은 채 자신의 상황을 바라볼 수 있고, 무슨 일에도 마음의 평화를 유지할 수 있다(Sharp, 1992).

넷째, 원형은 초월적 기능을 통해 마침내 전체성을 이루려는 목적이 있다. 전체성이란 의식의 나 ego를 내가 모르는 무의식의 나 Self 로 채워가는 것이다. 의식과 무의식의 콜라보 작업인 이 과정은 인격의 변환을 이끌어 전인격화를 이루게 한다. 전인격화는 자기실현, 개성화, 개별화라고도 불린다. 자아가 확대되어 자아와 자기가 하나가 되는 것이다. 융은 신의 존재를 밖의 어딘가에 있는 3인칭이 아닌, 자신 안에 있는 '나' 1인칭으로 보았다.

융의 생각을 바꿔 말하면 우리 정신은 이미 태어날 때부터 깨달음을 향해 가도록 방향 설정이 되었다는 것이다. 성불 成佛 이라는 생의 목표가 이미 유전자 안에 있다. 하나님의 형상이 우리의 형상이고, 결국 나의 마음이 하나님이 마음이 되는 그 지점으로 가야 한다.

하지만 누구나 이 목표에 도달하지는 못하는 듯하다. 목표에 도달하

---

4   적극적 명상이라고도 불린다. 적극적 상상이란 자신의 무의식이 만든 창조물을 표면화하여 자신과 접촉할 수 있게 초대하는 것이다(Johnson, 2009). 적극적 명상을 이용한 융의 제자 한나 여사의 임상사례는 유명하다. 파괴적이고 위험한 소리가 들린다는 여성 환자는 환청에 시달렸다. 내담자는 귀에서 들려오는 목소리의 주인에게 적극적으로 질문을 했다. 누구인지, 무슨 이유로 그녀를 괴롭히는지 질문과 대화를 시도했는데 효과가 매우 좋았다.

기 위해서는 중요한 조건을 갖추어야 한다. 바로 고통을 견디는 인내심과 튼튼한 자아다. 자기실현을 이룬다는 의미는 성인이 된다는 뜻이 아니다. 그것은 세상을 바라보는 관점과 자신을 대하는 태도가 달라진다는 의미다. 흠 없는 완전한 인간이 되는 것이기보다는 결점, 열등감, 약함이 모두 수용되는 온전한 한 사람이 되는 것이라고 융은 주장했다.

다섯째, 원형의 표현 방법이 독특하다는 것이다. 원형이 있는 무의식은 의식과 정반대로, 자신의 존재를 드러내는 방식 또한 의식과 다르다. 의식과 무의식의 언어는 다르다. 의식은 분명하게 인식될 수 있도록 그 자체를 있는 그대로 표현하지만, 무의식은 두루뭉술하고 흐릿하게, 어떤 이미지나 상징을 사용하여 우회적으로 알려준다. 융(1981)은 원형이 드러내는 방식은 지극히 은유적인 것으로, 우리가 알고 있는 이것도 저것도 아닌 제3의 것이라고 했다. 그래서 무의식은 알아채기 어렵다. 무의식의 표현을 액면 그대로 이해하면 무척 곤란하다. 외디푸스 콤플렉스도 마찬가지다.

프로이트는 수많은 콤플렉스 가운데 특히 외디푸스 콤플렉스에 주목하고는 외디푸스 콤플렉스를 실제 일어나는 근친상간으로 이해했다. 하지만 융은 조현병 환자의 환상과 원시인의 신화나 종교의 심상에 외디푸스 콤플렉스가 흔하다는 것을 발견했다. 외디푸스 콤플렉스는 가족 내 실제 일어난 성적인 문제라기보다는 인류의 역사나 상징으로 보았다. 프로이트는 무의식으로 가는 왕도를 꿈이라고 보았다. 하지만 융은 무의식에 접근하는 가장 좋은 방법은 콤플렉스라고 주장했다.

영웅의 탄생: '나'가 출현하다

세상이 열리다: 자아가 태어나다

인간은 처음에 자아가 만들어지지 않은 무의식 상태다. 신체와 마음이 원시적인 상태로 융합되어 있고, 어머니와 아기가 하나로 융합되어 있다. 융은 무의식을 어마어마하게 큰 바다로, 의식을 이제 막 형성된 섬에 비유했다.

이제 막 생긴 섬은 너무 작고 보잘것없어 바다에 걸핏하면 잠긴다. 바다로부터 침전물을 모으면서 섬은 점점 더 커져 간다. 섬의 주인인 자아는 생각, 감정, 소망, 신체 감각 등을 자신이라고 믿는다(이부영, 1998).

처음에 아기가 자신의 정신을 만들 때 어머니의 것을 그대로 자기 것으로 받아들인다. 점차 자라면서 아버지의 마음이 합쳐져 아이의 마음이 되고, 그 후 부모와 분리되면서 자신만의 고유한 자아가 만들어진다.

융은 아기의 자아가 탄생한 것을 세상이 처음 만들어지던 창세기에 비유했다. 또 세상에 막 등장한 인류라는 종(種), 하루가 시작되는 자정에 비유할 수 있다. 빛이 등장하기 이전의 세상, 자정이라는 시간은 깜깜한 어둠만 있어 모든 것이 깜깜함 하나로만 보인다. 암흑천지의 시기는 이성이 등장하기 이전이라 사리 분별이 어렵고, 칠흙 같이 깜깜한 상태라 두려움과 공포가 가득하여 본능과 감정이 정신을 장악한다. 2~3세까지 아기 정신은 동물처럼 대부분 무의식이 차지하고 있다. 그래서 '나'라는 존재를 의식하기 어려운데, 고대 인류도 그랬다고 한다. 아이들이 가장 무서운게 괴물이나 귀신이라고 하는 이유는 아직 자아가 확립되지 않아 정신이 깜깜한 한밤중처럼 느껴져서다.

어둠에서 빛이 생겨나면서 세상은 흑과 백, 위와 아래, 겉과 속, 선과 악처럼 두 쪽으로 나뉘기 시작한다. 아기의 의식이 제일 먼저 해야 하는 일은 '나'와 '내가 아닌 것'을 구분하는 일이다. 아기는 서로 반대되는 것을 구분할 줄 알아야 한다. 그 무엇도 자신과 반대되는 것이 없으면 존재할 수 없다. 어둠이 없는데 어떻게 빛이 존재할 수 있는가. 융은 서로 반대되는 것을 구분할 수 없다면 의식의 발달은 불가능하다고 했다.

어둠이었던 어머니에게서 빛이라는 의식 즉 아버지 로고스가 등장하는데, 의식은 무의식으로부터 해방되길 간절히 원한다. 무의식 입장에서 보면 의식이 태어났다는 것은 근본적인 죄이고 악이다(Jung, 1981). 아담과 하와가 에덴동산에서 쫓겨난 사건을 무의식의 입장에서 보면 죄이지만, 의식 입장에서 보면 당연한 일이고 순서다.

아기의 "내가~"라는 말은 자아^{Ich Komplex} 가 생겼다는 신호다. 이때의 자아는 좀 특별해서 융은 '의식하지 않은 의식'이라고 불렀다. '나'가 생겨났지만, 아직 정신의 주인이라고 말할 수 없다. 이때의 자아는 부모 콤플렉스에 강력한 영향을 받는다. 태어날 때부터 자아가 있다는 프로이트와 달리 융은 청소년기가 되어서야 자아가 정착된다고 보았다. 처음 자아는 '나는 ~이다'의 수준에 머물러 있다. 그러다가 청소년기가 되면 자아는 '내가 무엇 때문에 이것을 한다'를 알 수 있을 정도로 성장한다. 이 두 가지 자아는 엄청난 차이가 있다. 후자의 자아, 청소년기에 드디어 정착된 자아는 자신에 대한 반추와 반성을 할 수 있고 자신을 뚜렷이 의식할 수 있다. 튼튼하고 굳건하게 자아가 만들어져야 하지만, 모든 사람이 그런 자아를 갖고 있지는 않다.

의식과 자아

우리는 벌거벗은 채로 거칠고 혹독한 세상을 살아갈 수 없다. 그래서 자아를 만드는데, 자아는 세상을 살아가기 위한 하나의 수단과 방편이다. 세상에서 자신을 보호하려면 튼튼하고 건강한 피부와 몸을 가리고 보호해 줄 옷이 필요하다. 피부와 옷이 바로 의식에 해당한다. 그에 비해 무의식은 우리가 볼 수 없는 몸 속이라 할 수 있다. 옷이 그 사람의 지위와 신분, 역할을 나타내듯 융은 세상을 접하는 가장 바깥쪽의 인격을 페르소나라고 불렀다.

페르소나는 다른 사람에게 비친 '나'로, 진정한 '나'는 아니다. 페르소나를 다른 말로 하면 역할이나 도리, 체면, 사명, 대의명분이라 할 수 있다. 개인과 가족이 건강하려면 바깥세상에서는 페르소나를 입고 활동하다가, 집으로 돌아갈 때는 입었던 페르소나를 벗고 들어가야 한다(이부영, 2014).

인생 전반기는 의식을 계발해야 하는 시기로, 페르소나와 자아를 굳건하게 다져야 하는 중요한 시기다. 그래서 무의식보다 의식의 힘이 강하다. 무의식은 주도권을 의식에 내주고, 의식은 사회규범, 다른 사람과 함께 살아가는 법, 분별하고 구분하는 법 같은 세상에 관한 여러 기술과 지식을 습득한다.

의식이 탄생하는 것은 무의식에게 엄청난 희생을 요구하는 일이다. 인생 후반기가 되면 무의식은 이런 희생을 더 이상 묵과할 수 없다. 의식이 일방적으로 세상을 향해 한쪽으로만 달려가는 것을 무의식은 용납할 수 없다. 그 결과 의식과 무의식은 첨예한 대립과 갈등을 일으키면서 중년기 위기가 찾아온다. 때를 기다린 무의식은 인생 후반기가 시작되면 의식에게 내어준 주도권을 다시 거머쥔다. 이때 자아의 태도가 중요하다.

자아 콤플렉스의 역할과 중요성

자아도 일종의 콤플렉스다. 현실을 살아가기 위해 자기 Self 에서 떨어져 나와 만들어진 자아는, 현실과 직접 접촉하면서 현실을 다루는 하나의 인격이다.

또 자아 콤플렉스는 의식을 통제할 뿐만 아니라 무의식을 의식화하는 매우 중요하고도 특별한 콤플렉스다. 현실에 직접적으로 닿지 못하고 내면 깊숙이 있는 자기는 자신의 존재를 알리기 위해 수많은 콤플렉스를 둔다. 자아는 이런 콤플렉스들과 관계하며 통합하는 역할을 한다. 특히 인생 후반기 작업에서 자아의 전인격화 과정은 매우 중요하고, 그 과정에 전념할 것이라는 태도를 취하는 것은 전인격화를 이루는 데 결정적인 역할을 한다. 자아는 의식과 무의식이라는 전혀 다른 두 세계를 연결하면서 궁극적으로는 자아와 자기가 하나가 되려고 한다.

우리 내면에는 각기 다른 여러 콤플렉스(부분 인격)가 살고 있다. 무의식의 콤플렉스는 자율적으로 작동하는 원리를 지녀 스스로 알아서 움직인다. 의식은 스스로 에너지를 만들어 내는 능력이 없다. 무의식에게서 에너지를 얻어 써야 하는 의식으로서는 콤플렉스를 통제할 역량이 없다. 의식이 무의식의 강한 충동과 감정을 감당하기란 불가능한 일이다. 그래서 모성 원형이나 아니마·아니무스 원형이 작동하면 자아를 압도한 나머지, 마치 다른 사람이 되는 일이 종종 일어난다.

자아 콤플렉스 혹은 '나' 콤플렉스는 그 사람의 인격을 대표하는 콤플렉스로, 다른 콤플렉스와 사뭇 다르다. 가장 중요한 점은 자아 콤플렉스만이 의식을 가졌다는 것이다. 내가 누구이고, 무엇을 원하며, 감정이 어떠한지, 자기 생각과 행동을 자각하는 콤플렉스다. 그래서 자아를 거치지 않은 행동이나 경험은 인격에 통합될 수 없다. 또 자아 콤플렉스와 연결된 콤플렉스만이 그 힘을 강력하게 행사할 수 있다. 다른 콤플렉스가 의식으로 드러나려면 반드시 자아 콤플렉스와 연결되어야 한다.

자아 콤플렉스를 거치지 않은 다른 콤플렉스는 자신이 한 일이지만 자신이 하지 않은 것이 된다. 자아를 거치지 않는 것은 의식화 과정에서 제외되어 모두 무의식이 된다. 어머니가 한 일이지만 어머니의 '나'가 아닌 무의식의 모성 원형이 한 일일 수 있다.

어떤 콤플렉스도 자아 콤플렉스보다 강하면 곤란하다. 아무리 성스럽고 고귀한 신의 원형이라 해도 자아를 넘어서면 문제가 일어난다. 방언과 예언을 하면서 신통력을 행사하는 것은 신의 원형이 활성화되었기 때문이다. 그것을 자신이 신이 되었다고 착각한다면 결국 파멸을 맞이할 수밖에 없다.

자아 콤플렉스가 중요한 점은 우주이자 신인 '자기 Self'를 의식적 차원에서 만날 수 있는 유일하고도 고유한 장이라는 점이다. 자아는 자신에게 명령을 내리고 당당하게 말하는 힘을 준다. 자아는 삶의 방향을 정하는 키를 쥐고 있다.

4

독실한 신앙인도 페르소나일 수 있다

세상이 요구하는 '나', 세상에 맞추는 '나'

남자는 가족을 위해 열심히 성실하게 직장에 다니며, 매달 월급을 꼬박꼬박 받아온다. 직장인으로서 자신을 제외하면, 그 남자의 '나'는 없는 것 같다. 아내는 가정을 위해 헌신하는 자상한 사람이다. 하지만 아내와 사이가 소원한지는 오래다. 별 부족함이 없지만 남자는 자꾸 공허하고 텅 빈 것 같고 자신의 인생이 어디로 흘러가는지 알 수 없는 불안이 올라온다. 가끔 바람을 피우는 것이 그의 유일한 낙이다. 그렇다고 해서 이혼을 하거나 가정을 깰 생각은 없다.

이 남성의 '열심히, 성실하게, 직장인으로서, 가정을 위해, 헌신적인, 이혼은 생각하지 않는, 가장' 같은 생각과 역할은 모두 페르소나에 해당한다.

자신을 올바른 사람이라고, 구린내 나는 비리 없이 정의롭고 제대로 사는 사람이라고 스스로 여기는 사람일수록, 좋은 됨됨이를 가진 사람이기보다는 페르소나로 사는 사람일 수 있다.

페르소나는 외부 세계에 적응하기 위해 만들어진 특수한 기능 콤플렉스다. 명함이나 이력서에 소개할 수 있고, 체면과 예절, 공중도덕을 지키며, 사회의 당당한 일원으로 기능할 수 있는, 사회의 가치관과 요구에 부응하는 '나'를 말한다. 독실한 신앙인은 신과 교감하는 영적인 사람이 아니라 그저 종교활동을 열심히 하는 페르소나를 가진 사람일 수 있다.

융은 인간의 발달단계를 인생 전반기와 인생 후반기로 나누어 설명하였다. 인생 전반기에는 페르소나와 자아를 만드는 시기다. 성인기로 들어서면서 페르소나는 이제 제대로 자리를 잡는다. 세상 사람들이 알고 있는 '나'인 페르소나는 관계 안에서 만들어진다. 관계 속에서 자신이 어떻게 기능해야 하는지, 어떤 태도를 지녀야 하는지 잘 파악한 후, 자신이 세상에 보여주고 싶은 '나'의 부분을 편집해서 만든 인격이 페르소나다.

페르소나는 가능하면 멋지고 튼튼하게 만드는 것이 바람직하다. 그리고 분명한 캐릭터를 가지고 일관성이 있는 것이 바람직하다. 어느 한 곳에도 집중하지 못한 채 이것저것을 하며 시간과 에너지를 분산시키는 것은 페르소나를 계발하는 데 도움이 되지 않는다. 자기에게 잘 어울리면서 도움이 되는 페르소나 옷을 입고 세상을 나가는 것이 필요하다. 페르소나가 잘 만들어졌다는 것은 세상과 관계를 잘 맺고 있다는 뜻이다.

페르소나가 튼실하지 않으면, 주변 분위기를 파악하거나 대응하지 못하는 '순진한 멍청이'가 되기 십상이다. 또 당연히 지켜야 할 사회적 관습이나 공중도덕, 예의를 배우지 못한 나머지 사회 적응이 어렵다.

대체로 인간은 자신의 단점, 어두운 면, 비리, 취약한 점을 숨기려 한다. 그보다는 성실하고 열심히, 착하게 좋은 사람으로 살려고 한다. 모두 페르소나가 하는 일이다. 이런 면에서 보면 페르소나는 자신을 보호하는 방어막이기도 하다. 페르소나가 없으면 세상으로부터 상처받기 너무 쉽다.

멋진 페르소나라는 옷의 함정

많은 사람이 가능한 좋은 인격을 갖춘 사람으로, 세상에서 유능한 사람으로 보이고 싶어 애를 쓰며 산다. 훌륭해 보이는 사람을 닮고 싶고, 따라하고 싶으며 자기 것은 늘 모자라고 부족해 보인다. 남과 비교하면서 더 인정받으려 노력하며, 뒤처질까 종종거린다. 이렇게 우리는 페르소나에 흠뻑 빠져 있다. '나' 콤플렉스보다 페르소나를 더 중요하다고 여기면서 페르소나 계발에 더 공을 들이는데, 여기서부터 문제는 시작된다.

페르소나는 지극히 집단적인 성향이 있다. 그래서 개인적인 특성을 무시하고 간과하기 일쑤다. 페르소나는 부모, 가족, 직장과 같은 집단에 맞추려는 경향이 무척 강하다. 부모는 자녀에게 "늘 다른 사람에게 햇살처럼 기쁨이 돼라."라고 말했다. 자녀는 다른 사람을 즐겁고 기쁘게 만들어야 하고, 절대 기분을 상하게 만들면 안 된다고 여겼다. 자녀의 페르소나는 '사람 좋다'라는 다른 사람의 인정과 칭찬을 받기에 탁월했다. 그 결과 자녀는 불편한 진심을 말하는 게 힘들고 솔직한 심정을 나누는 것이 어려워졌다. 내면에 폭풍 같은 사나운 감정이 올라오면 어쩔 줄 몰랐다.

페르소나는 타인의 기대에 부응하고자 자신이 할 수 있는 것보다 훨씬 능력 있는 것처럼 과장해서 만들어지는 경향이 있다고 융은 보았다. 원래의 자신보다 훨씬 좋게 만들어진 나머지, 페르소나가 '나'라고 착각하기 쉽다.

페르소나는 일종의 마나mana 인격이라 볼 수 있다. 현대 문명의 인류가 고대 인류보다 딱히 지혜롭지 못한 부분 중 하나가 마나를 자신과 구분하지 못하는 것이다. '하면 된다, 불가능이란 없다'라는 말은 마나를 잘 나타내 준다. 돈을 벌고 출세하고, 성공하기 위해 우리는 마나의 힘을 빌려 사는 경우가 많다. 마나의 능력이 자기 것이라고 믿으며, 페르소나를 한껏 부추긴다. 그에 비해 고대 인류는 굉장한 성공을 자신이 한 것이 아니라 마나의 힘을 빌려서 한 것이라고 여겼다. 자신이 할 수 있는 부분과 할 수 없는 부분을 경계 그을 수 있을 때, 한계가 있고 부족함이 있는 한 인간으로 살 수 있다.

이런 경계가 없으면 세상에서 실패하고 좌절할 때마다 자기 능력 부족을 한탄하며, 더 큰 노력을 해야 한다며 자신을 몰아붙인다. 칭찬과 인정을 해주는 세상에 주인공 자리를 내주고, 정작 자신은 스스로 배제하고 소외시킨다. 세상의 인정에 목숨을 걸면 결국 마나를 놓아줄 수 없게 되고, 자신에게서 마나가 사라질까 노심초사한다.

늘 동동거리며 최선을 다해 열심히 일하는 사람이 있다. 이 사람은 실수하면 어쩌나, 성과가 나지 않으면 어쩌나 하며 못난 자기 모습이 탄로 날까 두려워 전전긍긍한다. 이 사람에게는 오로지 '일 잘하고 유능한 나'와 '무능하고 실패한 나' 두 가지만 있다. 주기적으로 열등감, 공허감, 우울감이 찾아오는데 그때마다 죽을 것처럼 힘들다.

이 사람이 이렇게 힘든 이유는 일에 대한 능력이 부족해서가 아니다. 오히려 모든 에너지를 일에 쏟아부은 나머지, 자기 소외와 자기 무시가 빚은 결과다. 역할을 잘하고 있을 때 이 사람은 살아 있는 것 같다. 반면 역할에서 벗어나는 순간, 이 사람은 존재로 머물 수 없어 불안해진다. 이때 겪는 심리적 고통은 자신을 소중하게 대해달라는 간절한 외침이다.

페르소나에 갇힌 사람은 열등감이 크다. 다른 사람이 부럽고 따라 하고 싶은 마음이 올라오는 순간, '나'다움은 주인공이 되지 못하고 빛을 잃은 채 그림자로 들어가게 된다. '마나'가 아닌 특성은 죄다 모자라고 부족한 것으로 취급된다. 그렇게 버려진 것이 모두 그림자가 되는 것이다. 그래서 개인무의식에는 '나'다움이라는 보물이 엄청나게 들어 있다.

아무리 페르소나라 하더라도 자아 콤플렉스보다 강하면 곤란하다. 자아 콤플렉스보다 특정 콤플렉스의 힘이 강한 나머지 자아 콤플렉스를 대신하는 것을 융은 사로잡힘 possession 이라고 했다. 자신의 연구 업적을 자신이라고 착각하는 교수, 극성스러운 입시 작전으로 명문대 입학한 자녀를 자신이라고 동일시하는 어머니처럼 사로잡힘이 일어나는 순간 인생은 거꾸로 갈 수 있다.

페르소나와 자신을 구분하는 것도 자아 콤플렉스이고, 모성 원형이 한 것과 자신이 한 것을 구분하는 것도 자아 콤플렉스다. 자아 콤플렉스가 튼튼하면 이렇게 구분 짓고 경계를 세우는 것을 잘할 수 있다. 반대로 페르소나와 동일시가 강력해지면 자아와 무의식 간의 에너지 흐름이 원활하지 않게 되고, 결국 무의식으로부터 에너지 공급을 받아야 하는 자아의 에너지는 고갈된다.

너무 멋진 나머지 페르소나가 자신이라고 동일시하게 되면 결국 인생 후반기에 문제가 일어난다. 인생 후반기는 바깥으로 향했던 태도를 이제 내면으로 전환해야 하는 시기다. 융은 인생 전반기가 육체의 아기가 태어나는 시기라면 인생 후반기는 영혼의 아기가 태어나는 시기라고 했다. 내면을 돌보기는커녕, 페르소나가 자신이라고 착각하면서 계속 세상을 바라보게 되면, 무의식은 그것을 용납하지 못하고 반란을 일으킨다.

페르소나가 인생의 주인공을 맡는 것은 딱 중년기 이전까지라고 융은 주장했다. 중년기 이전까지 우리는 학위를 따고, 직업을 얻고, 가정을 꾸리면서 세상을 사는 데 최선을 다한다. 중년이 되면 그럴 수 있는 에너지는 모두 고갈되어, 마치 마른 수건을 쥐어짜 물을 얻는 듯한 느낌이 든다. 그렇게 산 결과 그림자는 쌓일 대로 쌓여 폭발하기 일보 직전이다.

중년기 이후에는 지진이 일어난 것처럼 대혼란이 일어난다고 융은 말했다. 몸에 병이 들던지, 정신에 문제가 생기던지, 아니면 이혼처럼 소중한 관계가 깨지던지, 경제적으로 곤란해지던지, 사회적으로 물의를 빚던지 등등 중년기의 위기는 다양하다. 인생의 반전을 불러올 여러 가지 중년기의 문제는 무의식이 위험을 알리는 일종의 강력한 경고다. 그래서 중년기가 되면 우리는 무의식에 더욱 관심을 두고 돌봐야 할 필요가 있다.

페르소나 또한 중요하다

그런데 여기서 한 가지 중요한 점은 청년기까지 페르소나를 열심히 닦고 만든 사람만이 중년기 숙제를 해낼 수 있다는 것이다. 그 이유는 인생 후반기 과제가 페르소나와 자아가 튼튼해야 할 수 있을 만큼 어렵고 두려운 일이기 때문이다. 인생 후반기 과제는 자칫하면 지금껏 일궈왔던 인생이 통째로 헛된 일이 될 것만 같은 두려움을 감당할 수 있을 때 할 수 있다.

그래서 페르소나는 꼭 필요한 인격이자 매우 중요한 요소가 된다. 배우에게 가면은 연극을 할 때만 필요할 뿐, 가면을 벗고 무대에서 내려오는 순간 배우는 배역과는 전혀 상관없는 고유한 한 사람으로 돌아온다. 이처럼 무의식을 대할 때는 페르소나 가면을 벗고 자신에게 돌아와야 한다. 페르소나를 자신과 분별하고 인식하는 것이 중요하다(이유경, 2008).

프로이트 학파에서는 중년기 이전이 상담에 더 적절하다고 본다. 그 이유는 중년기에 이르면 인생의 중요한 부분이 거의 결정이 되어 변화할 수 있는 여지가 적어지기 때문이다. 더 이상 선택지가 없고 개선의 여지가 없다는 사실에 오히려 우울해질 수 있다는 것이다.

반면 융 학파에서는 진짜 인생은 중년기부터라고 본다. 중년기는 인생의 전환점으로, 바깥으로 향했던 관심을 자기 내면으로 돌리는 시점이다. 바로 상담이 절실하게 필요한 때이다. 사실 내면 작업은 평생 해야 하는 것이 아닐지 싶다. 연장을 내버려 두면 녹이 슬고 삭는 것처럼 우리 마음도 돌보지 않으면 그렇게 된다.

페르소나 중에 가장 벗기 어려운 것 중 하나가 부모 페르소나다. 세상에서 가장 힘들다는 부모 역할을 인간만이 나이가 들어서도 계속하려한다. 자녀의 독립 이후 우리는 좋은 부모로 사는 것이 아니라 자신만의 숙제, 즉 신이 '나'에게 허락한 작업을 해야 한다.

5

그림자: 개인무의식

태어날 때 온전했던 지복의 상태, 무의식, 신의 형상, 모성 원형 그 자체였던 아기에게 자아와 의식이 생겼다. 자아가 생겼다는 것은 천지개벽 같은 일이지만 동시에 에덴동산을 잃는 불행이고 저주다.

파라다이스에서 쫓겨나는 것을 심리학적으로 말하면 자기 Self 에서 자아 ego 와 그림자 shadow 로 나뉘는 것이다(Johnson, 1991). 신이 주신 것 중 사회에서 수용될 수 없는 것을 차곡차곡 쌓아 숨겨 놓은 것이 그림자다.

의식이 빛이라면, 개인무의식은 그림자에 해당한다. 그림자는 부도덕한 소망과 동기, 유치한 환상, 분노, 야만적인 충동같이 본인 것이라고 받아들이기 어려운 것으로 채워졌다. 자신이 멸시하고 거부한 '열등한 인격'은 그림자라는 창고에서 곰팡이가 핀 채 처박혀 있다(이부영, 1998).

많은 경우 자신의 그림자를 알아채고 본인 것이라고 인정하는 대신 외부에 투사하는 경우가 많다. 내가 모르고 있는 내 마음의 어떤 것이 마치 밖에 있는 것처럼 지각하는 것이다. 외부에 대한 '좋다, 나쁘다' 하는 것은 대부분 자신의 마음이 투사된 것이다(이부영, 2014).

균형을 맞추는 저울, 그림자

의식과 그림자 간에는 한 가지 법칙이 있다. 마치 대칭 저울처럼 한쪽에 무엇이 올라가면 반대쪽에도 균형을 맞추기 위해 무언가가 올라가야 한다. 인간의 삶 역시 좋은 일에는 궂은일로 균형을 맞춰야 한다는 균형의 법칙이 있다. 이것은 일방적인 것을 허락할 수 없다는 신의 뜻이다. 빛이 강할수록 그림자는 짙고, 태양이 높이 떠오를수록 그림자는 짧아지는 법이다. 그래서 올바르고 도덕적으로 착하게 사는 사람일수록 그림자에는 억압된 내용이 많다. 고향이 같은 자아와 그림자는 정확하게 균형을 이루며 한 사람의 인격이 된다.

균형의 법칙은 극단에 있는 사람이 다른 극단으로 쉽게 옮겨 가는 것에서 잘 볼 수 있다. 알콜중독자였던 사람이 금주 운동에 선봉장이 된다. 무속에 심취해 있던 사람이 기독교로 개종하면서 열혈 신도가 되었다. 진보 성향의 정당을 박차고 나온 사람이 보수 정당에 충성을 다한다.

이렇게 180도 바뀐 현상은 극과 극의 위치만 바뀌었을 뿐 내면에 일어나누는 것은 아무것도 없다. 또 한쪽 저울에만 닮는 바람에 저울이 부러지는 일도 있다. 정신에 이상이 생긴 것이다(Johnson, 1991).

개인의 인격 중에 어떤 것은 자아에 속하고, 어떤 것은 그림자에 속하는데, 그 기준은 사회적으로 수용되느냐 여부다. 하지만 사회적 기준과 판단은 선악을 구별 짓는 절대기준이 아니다. 예를 들어 집에 신을 신고 들어가는가, 과부가 평생 수절을 해야 하는가 같은 것이다. 질색하고 무례하다고 비난을 받을 수 있지만 그때 사회기준은 선/악과는 전혀 상관이 없다. 사회와 문화에 따라서 어떤 행동은 선이 될 수도 있고 혹은 악이 될 수도 있다.

사회적으로 수용되느냐 여부는 선악과 전혀 무관할 때가 종종 있다. 문제는 우리에게 신이 주신 것 중에는 버릴 것이 하나도 없다는 사실이다(Johnson, 1991). 그림자도 역시 '나'의 일부분이다. 그것은 열등하고 나쁜 것이 아니라 다만 햇빛을 보지 못했을 뿐이다. 그림자에 가둔 것을 이제 햇빛을 볼 수 있도록 꺼내야 한다.

<그림1-3> 그림자

좋은 것이라고 담아둔 곳에 신이 있는 것이 아니다. 신성과 깨달음은 저울이 균형을 이룬 중간 지점에 있다. 그곳에 온전함(완전함이 아니다)과 신이 있다. 삶의 균형을 맞추기 위해 도와주는 의식 중 하나로 가톨릭 미사를 들 수 있다. 지금은 그렇지 않지만, 원래 가톨릭 미사는 근친상간, 배반, 거절, 고문, 죽음 같은 끔찍한 그림자로 가득해 무서웠다고 한다. 십자가는 세로와 가로 두 축이 교차하는 균형을 상징하는데, 가톨릭이라는 말은 본래 온전하다는 의미다(Johnson, 1991).

융은 그림자란 절대적인 것이 아니라 상대적인 것으로 보았다. 신의 원형의 그림자 말고는 절대 나쁜 것은 거의 없다는 것이 그의 견해다. 그림자는 언제든지 악에서 선이 될 수 있다.

그림자가 저지르는 일

자신의 어둡고 더러운 비리를 자기 모습이라고 인정하지 않고, 나쁜 것을 계속 쌓아두면 문제가 일어난다. 자아 콤플렉스보다 그림자가 힘이 강해 자아를 능가하는 경우, 자아에게 곤란한 일이 일어난다. 그림자가 자아보다 힘이 강할 경우 통제할 수 없는 분노나 우울로 그 사람의 삶이 파괴된다.

그림자에 사로잡힌 사람은 자신이 놓은 덫에 걸려 넘어진다. 만약 덫이 없다면 스스로 덫을 만든다. 자신에게 도움이 되지 않고 해가 되는 선택을 하면서 스스로 곤경에 빠진다. 자신에게 어울리거나 적절한 것에는 왠지 마음이 가지 않는다. 게다가 행운마저 내 편이 아니다. 결국 그림자에 압도당한 사람은 자신이 가진 것보다 더 아래 수준에서 살게 된다(Jung, 1981).

그림자를 가장 편하게 처리하는 방식은 다른 사람에게 그림자를 전가하는 투사라는 방법이다. 투사가 일어나면 갈등과 싸움이 일어나면서 대인관계가 깨지고 개인의 내면은 폐허가 된다. 그림자를 함부로 세상에 드러내면 세상을 폭력과 피로 물들이는 비극을 낳는다.

결국 그림자는 자신을 곤궁에 처하게 만든다. 신체적으로 병이 들거나 정신적으로 힘들어지거나 아니면 사회적인 문제를 초래하거나 사고를 당한다. 어떤 식으로 그림자가 자신에게 드러날 것인지 아무도 모르지만, 삶의 어디엔가 문제가 생겨 결국은 곪아 터진다.

뉴스에 보도되는 끔찍하고 혐오스럽고 인간 이하의 사건은 모두 그림자가 하는 일이다. 그림자가 집단적으로 만들어져 투사되면 유대인 학살이나 전쟁 같은 참혹한 일이 일어난다.

한 세대가 그림자를 드러내지 않은 채 평화롭게 살았다면, 그다음 20년은 그동안 축적된 그림자가 분출하여 전쟁 같은 나쁜 일이 일어난다고 한다. 고대 인류는 오늘날보다 훨씬 그림자의 균형을 잘 맞추고 살았다. 전쟁이 일어나면 며칠 지나지 않아 집으로 돌아왔다. 오늘날은 세련된 규범 체계를 갖췄기 때문에 그림자도 덩달아 짙어져 몇 년에 걸친 전쟁을 치른다(Johnson, 1991).

그림자가 나쁘다고 해서 그림자를 없앨 수는 없다. 융은 그림자가 있다는 것은 자아가 튼튼하기 때문이고, 살아있다는 증거라고 했다. 그림자

없는 존재는 죽은 존재다. 의식에 부족한 것을 보충해 주는 그림자는 반드시 존중될 필요가 있다. 자신의 선한 면을 드러내고자 한다면 반드시 자신의 어두운 면을 인식하고 숨기려 하지 말아야 한다. 천사는 악마가 있어서 존재할 수 있다. 고대 인류는 그림자에 영혼이 들었다고 여기며 그림자를 무척 소중하게 여겼다. 이런 맥락에서 개인의 비리는 또한 비밀스럽게 지켜질 필요가 있다. 어머니가 아이의 비리나 비밀을 다 알려고 들면 아이는 불안해진다.

비리 없는 인간은 없다. 여기서 중요한 점은 그림자를 없애는 것이 아니다. 그림자에게 압도당할 것인지 아니면 그림자를 의식하면서 통합시킬 것인지 자아가 결단하는 것이다.

전인격화를 위하여: 그림자 작업
첫 번째, 투사 자각하기
그림자를 보물 창고라고 한다. 값어치 있는 것임에도 불구하고 쓸데없다고 팽개친 능력, 재능, 자질이 가득 있는 곳이다. 그림자를 의식에 통합시키면 엄청난 에너지가 잠재력을 터트린다. 하지만 그림자를 직면하기란 그리 쉬운 일이 아니다.

자신의 그림자를 인정하지 못하는 사람이 부지기수다. 가장 손쉬운 방법은 자신의 비리나 오점을 애써 무시하며 지우는 것이다. 또 그림자를 남에게 슬쩍 전가하면서 책임을 회피하는 것이라고 융은 주장했다. 이것을 투사라고 하는데 '내로남불'은 투사를 잘 표현한 말이다.

그림자 투사는 대개 가까운 사이에서 일어나는 경우가 많다. 동성의 친구나 형제자매, 직장 내의 상사와 부하직원, 반대편 정당, 이웃한 지역이나 국가처럼 가까이 있다는 것 자체가 투사의 대상이 된다(이부영, 1998). 콩쥐와 팥쥐, 흥부와 놀부, 지킬과 하이드, 영웅과 악당은 원래 한 사람인데 이것을 빛과 그림자 두 인격으로 나누어 이야기한 것이다.

'괜히', '아무런 이유 없이' 어떤 사람이 못마땅하고 밉다면, 그것은 그림자 투사가 일어나는 것일 수 있다. 내가 다른 사람에게 그림자를 투사하거나 다른 사람이 내게 그림자를 투사하면 갈등이 일어나고 전쟁 같은 싸움이 일어난다. 한번 시작한 그림자 투사 전쟁은 꼬리에 꼬리를 물면서 끝날 줄을 모른다. 융은 주위에 원수 같은 인간이 있다면, 그 원수에게 감사하라고 했다. 왜냐면 그 사람은 바로 자신이기 때문이다. 꼴 보기 싫은 그 사람은 전인격화 과정에서 매우 소중한 존재다.

어떤 한 사람에게 집단적으로 그림자를 투사하는 경우는 흔한 일이다. 대표적인 것이 중세 시대 마녀사냥이고 유태인 학살이다. 남미 아즈텍에서는 해마다 처녀나 총각 중 한 사람을 희생시키는 의식이 있었는데, 그 사람이 죽으면서 종족의 그림자도 함께 떠난다고 믿었다. 인도에도 비슷한 풍습이 있었는데 '보기'라고 불리는 희생양은 매우 영예로운 대접을 받았다(Johnson, 1991).

그림자 투사가 일어나는 가장 불행한 장면은 바로 가족 안에서 일어난다. 부모가 자신의 그림자를 자녀에게 투사하면서 자녀는 희생양이 된다. 자녀에게 온갖 꼬투리를 잡아 비난하고 걱정이라는 이름 아래 미래에 대한 불안을 투사한다. 이때 부모의 투사는 저주에 가깝다. 자신의 그림자도 감당하기 어려운 자녀는 부모의 그림자까지 떠안고, 자녀의 불안은 가중된다.

나쁜 것을 타인에게 전가하는 것도 그림자가 하는 일이지만, 자신 안에 있는 좋은 것을 타인에게 투사하는 것도 그림자가 하는 일이다. 그래서 우리는 영웅을 우러러본다. 영웅이 가지고 있는 위대하고 훌륭한 것은 이미 우리 안에 있는데, 그림자가 그것을 보지 못하게 만들고 밖에 있다고 속인 것이다. 동생이 언니를 부러워하며 언니에게 어려운 일을 해결해 달라고 부탁한다. 시간이 지나면 동생도 언니처럼 어려운 일을 할 수 있다(Johnson, 1991).

타인에게 그림자 투사를 하게 되면 불행한 일이 생긴다. 타인에게 나쁜 영향을 주고 해를 끼친다. 그것이 비록 영웅이라는 투사라도 그 사람에게 무거운 부담을 주는 일이다(Johnson, 1991).

두 번째, 균형을 위한 의식
첫 번째, 좋은 것과 그림자를 기가 막히게 균형 잡는 신의 뜻을 이해했다면 눈치챘을 것이다. 그 방법은 성공적으로 일을 성취했거나 좋은 것을 얻었을 때, 의도적으로 궂은일이나 고약한 일을 하는 것이다. 융의 제자 루이제 폰 프란츠와 바버라 한나는 좋은 일이 있을 때마다 쓰레기를 치웠다고 한다.

남에게 피해를 주지 않는 범위에서 자기만을 위해 욕이나 일탈 행동을 의도적으로 하는 것도 방법이다. 외국어를 배울 때 욕부터 배우는 경우가 흔하다. 앵무새가 말을 배울 때도 욕이나 험담을 잘 배운다고 한다. 왜냐면 욕이나 험담이라는 그림자에는 진정성과 살아있는 에너지가 충만하기 때문이다.

두 번째 방법은 창조성이 요구되는 의식이다. 저울의 나쁜 쪽에 있는 것을 그림 그리거나 조각하거나 시를 짓거나 노래와 춤을 추면서 표현하는 것이다. 또는 불에 태우거나 땅에 묻는 의식을 치르는 것이다 (Johnson, 1991). 노래와 춤은 아니마의 영역으로 생명의 에너지를 순환시키고 창조성을 꽃피게 만든다. 기독교가 우리나라에 뿌리내리기 쉬웠던 이유 중 하나는 가무를 좋아하는 우리 민족에게 찬송가의 찬양이 너무나 잘 맞아떨어졌다는 점이다. 찬양하고 있노라면 성령이 가슴 깊이 내려와 영혼을 위로하고 영혼을 감싸는 듯한 체험을 한다.

세 번째, 내면의 그림자와 대화하다

그림자는 의식화를 위해 가장 접근하기 수월한 콤플렉스다. 그림자가 저지른 것에 책임을 질 것인지를 결정하는 것은 전적으로 자아의 몫이다. 그림자를 직면하겠다는 자아의 태도가 매우 중요하다. 그러기 위해서는 자신을 내려놓을 수 있을 만큼의 뱃심 두둑하고 배짱 있는 자아를 만드는 것이 필수적이다.

그림자 작업은 대인관계나 꿈 해석을 통해 할 수 있다. 이 과정은 루시퍼가 자신인 것을 인정해야 하는 작업이다. 투사한 대상이 자신이라는 사실에 억장이 무너지고 충격을 받는다. 상담자가 원망스럽고, 상담을 집어치우고 싶을 만큼 자신을 뒤흔드는 두려운 작업이다. 하지만 이런 고통에는 신께서 허락하신 축복과 신의 자비라는 선물이 함께 있다.

결혼식에서 많은 부부가 성스럽고 아름다운 혼인 서약을 한다. 존슨(1991)은 그림자 혼인 서약을 비공식적으로 하길 제안했는데, 내용을 재구성하면 이런 식이다.

신랑 : 나는 당신을 어머니라 생각하면서 힘들 때면 징징대고, 원하는 것이 있으면 해 달라고 조를 겁니다. 만약 당신이 해주지 않으면 떼를 쓰고 소리를 지를지도 모릅니다. 당신을 내 것처럼 여길 겁니다.

신부 : 나는 당신을 어머니라 생각하면서, 내 마음을 말하지 않아도 당신이 알아주길 바랄 겁니다. 당신의 월급은 모두 내 것입니다. 만약 당신이 허튼 짓을 하면 인정사정없이 모든 것을 빼앗을 겁니다.

그림자 서약식은 두 사람의 성격과 단점을 결혼 전에 유머러스하지만 진솔하게 다룬다는 점에서 권할 만하다.

그림자를 의식하면 의식할수록 그림자는 의식에 통합될 것이다. 자아와 그림자를 함께 인정하고 존중하는 태도는 전인격화를 촉진할 것이다. 그러면 그림자는 더 이상 위협적인 대상이 될 수 없다. 또 자신을 보호하는 힘이 생겨 다른 사람이 보내는 그림자 투사를 거부할 수 있다. 시비를 걸면서 그림자 투사를 보내는 사람에게 일절 대응하지 않고, 그 사람의 그림자를 그에게 다시 돌려보내는 것이다. 그런데 그것은 쉬운 일은 아니다.

인생 전반기 동안, 의식과 자아가 굳건하게 확립되는 것 그리고 그림자 작업은 매우 중요하다고 융은 보았다. 그림자 작업이 가능할 때 비로소 인생 후반기의 아니마와 아니무스라는 심혼을 만나는 작업이 가능하다. 양극에 있는 것을 모두 소중하게 여기는 곳에 신의 은총이 있다.

6

심혼과의 만남: 아니마와 아니무스

페르소나와 대극을 이루는 것은 무엇일까? 역할로 페르소나가 드러날 때, 그 역할은 여성/남성과 관련된 것이 많다. 여성이 맡은 역할 - 어머니, 딸, 누이, 이모, 고모, 아내 - 은 모두 여성이라는 대전제하에 있다. 성별은 그 사람의 정체성을 설명하는 동시에 페르소나의 많은 부분과 관련 있다. 때문에 페르소나의 대극 역시 남성과 여성과 관련된 원형이라 할 수 있다. 융은 그것을 아니마와 아니무스라고 불렀다. 라틴어인 아니마와 아니무스는 원래 심혼, 영혼 $^{Seele,\ Geist}$ 이라는 뜻으로 동양의 음양 사상에서 비롯된 개념이다.

융이 말하는 아니마는 기분$^{anima\ mood}$, 에로스^{eros} 를 뜻한다. 이때 에로스는 성적인 사랑보다는 친밀한 관계를 위해 따뜻하게 보살피고 헌신하는 사랑에 더 가깝다(Sanford, 1984). 그에 반해 아니무스는 의견[animus opinion], 로고스[logos] 즉 사실을 향한 관심을 말한다.

성 역할과 집단규범을 강조하는 사회일수록 사회적 기준에서 벗어난 개인의 특성을 허용하지 않는다. 개인 역시 집단 가치에 위배되는 자신의 고유한 특성을 자기 것이라고 받아들이지 않고 의식 밖으로 밀어낸다. 이렇게 거부되고 배제된 내용은 모두 아니마와 아니무스의 내용물이 된다. 남성은 자신의 여성스러운 특성을, 여성은 여성답지 않다고 여기는 부분을 모두 무의식으로 보내면서, 아니마에는 남성의 여성성이, 아니무스에는 여성의 남성성이 담기게 된다.

대극을 이루는 아니마와 아니무스

여성성이 주관적이고 섬세한 감정이라면, 남성성은 객관적이고 합리적인 사고에 해당한다. 여성성이 속으로 삼키며 침묵하는 것이라면, 상대적으로 남성성은 겉으로 드러내고 주장한다. 여성성이 감싸고 받아주고 붙잡는 것이라면, 남성성은 옥석을 가리면서 분별하고 구분하며 아닌 것은 아니라고 선을 명확하게 긋는 것이다. 여성성이 구체적이고 현실적이며 세상의 기쁨을 좇는 것이라면, 남성성은 추상적인 이론과 지식을 추구하고 이상을 좇는다. 여성성이 미지의 세계에 호기심을 갖고 가능성에 초점을 두며 조심스럽고 우유부단하다면, 남성성은 힘으로 뚫고 헤쳐 나가고 공격적이며 개척하고 정복한다.

여성성과 남성성의 상징은 서로 짝을 이루며 대극으로 표현된다. 곡물과 대지는 여성성을 상징하는 반면 하늘은 남성성을 상징한다. 동양의 음양 사상처럼 여성성이 밤이고 달이라면 남성성은 낮이고 태양이다. 예전의 여성은 월경, 임신, 출산, 수유 등 본능에 따를 수밖에 없는 삶을 살았다. 그래서 여성성은 자연과 본능, 신체를 상징한다. 반면 남성성이 상징하는 것은 인위적이고 인공적인 것으로 예를 들어 문화, 법률 같은 제도, 사회 시스템같이 인간이 만든 것이다. 이렇게 여성성과 남성성은 상대적이고 서로 대비되며 양극단에 자리한다.

여성의 성기 모양을 닮은 조개나 고둥, 자궁처럼 움푹 패어 무언가를 담을 수 있는 그릇이나 우물은 여성성을 상징한다. 반면 남성의 성기 모양을 닮은 남근 바위나 우뚝 서서 힘과 위용을 자랑하는 랜드마크 같은 건물은 남성성을 상징한다고 융은 주장한다. 여성의 세계가 아버지, 어머니, 형제, 자매, 남편, 자녀라면 남성의 세계는 민족, 국가, 경제다.

이렇게 보면 세상의 디폴트 값은 어둠이고 무의식이며 어머니고 여성성이다. 실제 어머니 뱃속 태아의 성기가 만들어질 때 여성과 남성의 것이 각각 만들어지는 것이 아니라, 여성의 성기가 이미 기본값으로 설정되어 있다. 임신 7주 경 태아가 XY인 경우, 여성의 성기에서 남성의 성기로 바뀌는 것이다. 여성은 주어진 것(being 인 반해, 남성은 되어가는(doing 존재다. 여성성은 이미 존재하는 것에 반해, 남성은 만들어지고 파괴되고 다시 만들어지는 반복 과정을 통해 늘 변화하는 존재다.

남성성의 에너지는 낡은 제도와 방식을 무너뜨리고, 새로운 사상, 새로운 방식과 제도를 가지고 새로운 시대를 열게 한다. 새로운 시대는 사고방식, 삶을 대하는 태도나 삶을 영위하는 방식이 이전 시대와는 질적으로 다르다.

예를 들어 본능에 충실했던 고대 로마는 즐거움을 추구하며 자유롭고 개방적인 문화를 가졌다. 실제로 로마 시대 축제에서는 폭력과 학대, 살인같이 피를 보며 열광했다. 로마 문화를 정면으로 대치하는 것이 바로 기독교 문화다. 어둠에서 빛으로 나타난 예수는 새로운 시대와 정신을 연 영웅이다. 예수가 살던 당시 3/4이 노예 신분이었다. 예수는 노예든 귀족이든 하나님 앞에서는 평등한 자녀라고 주장했다.

중세 기독교 시대는 본능과 쾌락을 추구했던 로마와는 반대로 금욕과 도덕성을 강조했다. 남녀 간의 성생활은 물론 심지어 결혼조차 거부하며 절제된 생활을 하는 것이 신의 뜻이라고 생각했다. 로마에서 번성했던 목욕 역시 몸을 기분 좋게 하는 것이라 여겨 씻지도 가꾸지도 않았다. 하지만 씻지 말아야 한다는 엄격한 규율은 비위생적이고 불결한 생활로 이어졌고, 이것은 후에 흑사병(페스트)을 창궐하게 만들었다. 결국 흑사병은 중세 기독교를 무너뜨리는 엄청난 요인이 되었다.

과학과 기술 문명이 근간이 되는 근현대의 사상과 삶은 이전 시대와는 질적으로 차원이 다르다. 이렇게 낡은 시대를 끝내고 새로운 세상을 연 사람을 우리는 영웅이라 부른다. 남성성의 발달은 영웅의 탄생이라 할 수 있다. 이렇게 아니무스가 긍정적으로 작동하면, 현명한 판단과 확고한 소신이 있는 이성적인 사람이 된다.

감정, 예감, 영감, 친밀한 관계는 아니마의 영역이다. 그래서 융은 여성이 남성보다 고도로 심리학적이라고 했다. 아니무스는 오로지 사실 그 자체인 객관적 사실에만 관심이 있을 뿐, 감정이나 환상 따위에는 전혀 관심이 없다. 아니무스의 영역은 지성이다.

아니마가 긍정적으로 작용하면 풍부한 감정과 헌신적인 사랑, 친밀한 관계와 관계의 확장으로 나타난다. 또 직관력과 예감이 발달하고, 호기심 어린 창조적인 삶, 생기가 넘치는 삶을 살게 만든다.

페르소나가 자신의 인격이라 믿고 여성다움, 남성다움이라는 페르소나에만 열중하면, 아니마와 아니무스는 열등한 인격이 되어 나이가 들었을 때 부정적인 감정이나 비합리적인 사고같이 꼴사나운 모습으로 등장한다.

아니마가 부정적으로 작동하면 폭발하는 감정과 주체할 수 없는 비참함, 무기력, 우울함에 빠지게 된다. 부정적인 아니무스는 고집스러운 생각, 무의식적인 망상, 뻔하고 지루한 생각으로 나타난다. 부정적인 아니무스에 사로잡힌 여성은 완고하고 단호하며 막무가내로 상대를 지배하려 하고, 자기주장을 굽히지 않는 아니무스로 인해 대화하기가 상당히 어렵다.

아니마와 아니무스의 발달단계

자아가 페르소나를 어느 정도로 자신이라고 동일시하는지, 자아가 무의식에 어떤 태도를 보이는지에 따라 아니마와 아니무스의 성숙 정도는 달라진다.

아니마와 아니무스 발달의 첫 단계는 생물학적 성에 국한된다. 여성은 그저 치마만 두르면 되고, 아이만 낳을 수 있으면 된다. 남성은 근육이 짱짱한 운동선수처럼 힘이 센 남자가 최고다. 그래서 원시적인 단계에서 아니마와 아니무스는 종종 성적인 모습으로 등장하곤 한다. 늘씬한 여성의 육체에 반하거나 포르노 같은 성적 판타지에 빠져 사는 사람은 아니마가 매우 유아적이라고 볼 수 있다.

이 단계의 아니마는 아직 모성 원형과 분리가 되지 않은 원시적인 모습이다. 가장 낮은 단계에 있는 남성은 어머니처럼 사랑과 보호, 안전함을 주는 여성이 없으면 제대로 기능하지 못한다. 그래서 돌봐주는 여성의 지배를 받기 쉽다. 그 결과 발기부전으로 고생하거나 아예 성적 흥미를 잃기도 한다.

아니무스 첫 단계에 머문 여성은 남자란 그저 임신을 위해 필요한 존재일 뿐, 인격적인 관계로 남성을 만나고 대하기 어렵다.

원시적인 첫 단계를 지나면 아니마와 아니무스는 좀 더 고양된 모습으로 등장한다. 아니마는 우아하고 아름다우며 교양 있는 여성으로, 아니무스는 계획적으로 능숙하게 일을 주도하는 능력 있는 남성으로 나타난다.

두 번째 단계의 아름답고 성적인 아니마에 매료된 남성은 돈 주앙 같은 바람둥이가 되어 성적으로 문란할 수 있다. 이런 남자는 감정이 변덕스럽고 불안정한 나머지 신뢰하는 관계를 맺거나 관계를 지속하기가 어렵다. 이상적인 여성상이 너무 강한 나머지 그 어떤 여자도 만족스럽지 않다.

두 번째 단계의 아니무스를 가진 여성들은 독립에 대한 욕구가 강하고 자신만의 일을 좇는다. 남성을 만나더라도 인격적인 존재로 만나는 것이 아니라, 사회적 지위나 직업적 측면에서 남성을 파악한다. 이런 여성은 남편의 덕목 중 가장 중요한 덕목은 가족을 부양하고 지켜 주는 보호자라고 여긴다.

세 번째 단계에 이르러야 비로소 정신적인 교감과 교류를 나눌 수 있는 인격의 이성을 만날 수 있다. 남성은 성과 사랑을 구분할 수 있고, 자신의 아니마와 현실에 있는 사랑하는 여성을 구분할 수 있다. 이 단계 이상이 되어야 여성은 진정한 로고스를 얻을 수 있으며, 교육 제도에 존경심을 가지고 자신의 지성을 계발할 수 있다(Sharp, 1992).

괴테의 작품 「파우스트」에서 파우스트는 요한복음 중 '태초에 말씀이 있었다'를 번역할 때 깊은 고민을 한다. 파우스트는 '태초에 말씀이 있었다'를 '태초에 힘이 있었다'로 번역할지, 아니면 '태초에 행위가 있었다'로 번역할지, 아니면 '태초에 의미가 있었다'로 해야 할지 고민했다. 엠마 융(1978)은 이 장면에 주목하면서 힘, 행위, 말씀, 의미가 바로 아니무스 발달단계의 특징이라고 보았다.

아니마와 아니무스는 미성숙한 단계에서 시작하여 전인격화를 향해 나아간다. 폰 프란츠(1994)는 아니마와 아니무스가 위대한 목소리를 들을 수 있도록 주파수를 맞추는 역할을 한다고 보았다. 마지막 최고의 단계가 되면 아니마는 최고의 신 소피아처럼 직감 능력이 매우 뛰어난 지혜의 여신이 되고, 아니무스는 확고한 신념을 행동으로 옮기는 지혜로운 행동가가 된다.

결국 최고 단계가 되면 아니마와 아니무스는 종교적인 체험을 삶의 의미로 바꾸는 중개자가 되면서, 아니마와 아니무스 그 둘의 모습은 비슷해진다.

아니마와 아니무스는 한쪽은 개인이 거부한 개인무의식으로 이루어져 있고, 다른 한쪽은 집단무의식의 원형으로 이루어져 있다. 한쪽은 인간이고 다른 한쪽은 신인 아니마와 아니무스는 의식과 집단무의식을 연결해 주는 매개자 역할을 할 수 있다. 이런 측면에서 융은 아니마와 아니무스를 특수하고도 중요한 원형이라고 보았다.

이론적으로는 나이가 들면 최종적으로 마지막 네 번째 단계에 이른다고 한다. 실제로 마지막 단계에 이르는 사람이 과연 얼마나 될까. 죽을 때까지 어머니 품에 휩싸여 첫 단계에 머문 사람들이 부지기수다. 4단계에 이르는 것은 열심히 자기 내면을 돌아보고 갈고 닦는 사람에게만 허락된 길일 것이다.

아니마와 아니무스가 드러날 때

페르소나가 뚜렷하고 분명하게 볼 수 있는 것과 대비되게 페르소나와 극을 이루는 아니마와 아니무스는 그 존재가 쉽게 보이지 않는다. 캄캄한 밤에는 전혀 존재를 알 수 없다가, 어스름 새벽이 되어서야 겨우 형태를 알아볼 수 있는 정도라고 융은 말했다. 아니마와 아니무스의 모습과 속성을 알기 어렵다는 것은 의식화하기 어렵다는 의미이다. 아니마와 아니무스는 의식과는 별개로 자기 스스로 자율적으로 작동하는 또 다른 인격이다. 비록 아니마와 아니무스를 안다고 해도 의식으로 완전히 동화시키기는 무척 어려운 일이라고 융은 보았다.

융은 아니마와 아니무스를 알아채는 방법 몇 가지를 제시했다. 첫째, 꿈을 통해 알 수 있다. 꿈 해석은 꿈 해몽 책을 통해 알 수 있는 것이 아니라, 분석심리 전문가의 도움이 필요하다.

둘째, 아니마와 아니무스가 자아를 밀어내고 인격의 주인공이 될 때다. 이때 그 사람은 평소와는 사뭇 다른, 딴사람이 된다. 낯선 모습에 남들은 물론 본인 자신도 자기가 아닌 것 같아 당황스럽다. 마치 무엇에 씐 것 같다. 아니마가 인격을 점령한 남성은 감정이 폭발한 나머지 이성을 잃었다. 아니무스가 주인 역할을 하는 여성은 무작스럽고 독선적이며 무섭게 군다. 우리는 아니마와 아니무스가 느닷없이 올라왔다고 생각할 수 있지만, 아니마와 아니무스는 분명한 의도를 가지고 있다. 상황을 난장판으로 만들어 관계를 파탄 내는 것이다. '정신 나간 것' 같은 이 모습을 보고 융은 아니마와 아니무스를 심혼이라고 불렀다.

스트레스 상황은 아니마와 아니무스가 주인공이 되기 좋은 때다. 싸움이 일어나면 여성은 자기만의 논리를 펴며 주장을 하지만 모두 말도 안 되는 억측이다. 막무가내로 또박또박 따지는 여성에게 상대는 할 말을 잃는다. 실연당했을 때 여성은 갑자기 정신이 든다. 자신을 더 멋있게 만들거나, 더 좋은 남자를 만나겠다는 결심을 한다. 자살 시도를 하는 위기 상황에서 여성은 갑자기 이성적으로 된다. '내가 죽으면 나만 손해지, 죽을 결심하는 힘으로 살자'라며 시도를 멈춘다.

반면 스트레스 상황에서 남성은 감정의 노예가 되어 감정이 시키는 대로 곧장 실행에 옮긴다. 싸움이 일어나면 여성은 독한 논리를 펴면서 공격하는 대신 남성은 격한 감정을 이기지 못하고, 던지고 부수고 때리는 폭력적인 행동을 한다. 또는 술에 빠져 감정에 침잠한다. 자살 충동이 일어나면 남성은 감정에 꼼짝없이 휩싸여 극단적인 행동을 한다. 자살 성공률이 여성보다 남성이 더 높은 이유가 바로 이 때문이다.

셋째, 자신의 아니마나 아니무스를 이성에게 투사할 때 아니마와 아니무스의 존재를 알 수 있다. 남성의 아니마는 어렸을 때 어머니와의 경험과 밀접한 관련이 있다. 그 후 선생님이나 친척 같은 다른 여성과의 경험이 더해지면서 아니마는 수정되는 부분이 있지만, 여전히 어머니와의 경험이 아니마에 가장 지대한 영향을 미친다. 자신의 무의식에 있는 아니마의 존재를 모르는 남성은 자신의 아니마를 바깥에서 찾으려 한다. 남성의 관계, 감정, 사랑이 작동하는 곳에는 모두 아니마가 있다고 융은 말한다. 아니마는 남성의 감정을 강화하고 왜곡하며 신격화시킨다.

사랑을 하는 것과 사랑에 빠지는 것은 분명한 차이가 있다. 사랑에 빠질 때는 우리 존재보다 더 큰 무언가가 있다. 사랑에 빠지는 것은 서로의 아니마와 아니무스를 투사할 때 일어난다. 자신의 아니마와 아니무스와 딱 맞아떨어지는 이성을 만나면, 연인들은 운명적인 사랑을 만났다고 한다. 콩깍지가 씌어 눈이 먼 연인들은 상대를 사랑하는 것이 아니라 자기 내면의 아니마나 아니무스를 사랑하는 것이다. 그래서 진정한 사랑이라고 보기 어렵다. 문제는 이런 투사는 유효기간이 있다는 것이다. 길지도 않은 유효기간이 지나면 관계는 끝나거나 다른 차원의 관계로 나간다.

　융은 사랑에 빠지는 것을 신을 만나는 것이라고 했다. 즉 신의 원형을 경험한다는 의미다. 그것은 아니마와 아니무스가 집단무의식과 신의 원형에 걸쳐 있기 때문이다. 인간이 신의 원형을 직접적으로 보거나 경험하는 것은 매우 위험한 일이다. 인간이 신을 만나면 강력한 신의 에너지로 인해 불타 죽는다. 신이라는 존재는 인간이 직접 만날 수 있는 존재가 아니다. 또 자기 안의 신의 원형을 경험하는 것도 그리 흔한 일이 아니다.

　위험하지 않으면서 신을 경험할 수 있는 경우가 바로 사랑에 빠지는 일이다. 신을 만났다는 증거를 들어 보자. 연인은 서로를 운명이라고 말한다. 그것은 얽히고설킨 운명의 실타래를 쥐고 있는 신의 모습을 강렬하게 투사하고 있어서다. 사랑에 빠지면 감동적이고 가슴 뭉클한 표현을 많이 한다. 그런 표현은 대개 신을 찬양할 때 사용하는 말들이다. 연인을 "천사처럼 착하다, 천사같이 예쁘다"라고 한다. 또 사랑하는 사람에게서 빛나는 후광과 넘쳐나는 아우라를 본다. 후광은 신의 영역에서 일어나는 일이다. 사랑하는 사람과 함께 있으면 세상을 전부 가진 것 같고, 상대는 자신이 원하는 것을 모두 다 이루어 줄 것만 같다. 그 존재만으로도 행복하고 기쁨에 가득 찬다. 사랑의 행위에는 신을 경험할 때처럼 황홀경이 있다. 이런 감정은 아니마와 아니무스가 신의 형상을 하고 있다는 것을 보여주는 증거다.

　사랑에 빠지면 기쁨도 잠시, 매우 고통스러운 상태가 된다. 상대방을 완벽한 신처럼 경험할수록, 반대로 자신은 너무 초라하고 열등하다. 그런 자신을 발견할 때마다 괴롭고 비참해서 불행하다. 이것은 신성 경험을 균형 맞추려고 그림자가 생겼기 때문이다. 이런 투사가 끊임없이 악순환되는 것이 바로 부부 싸움이다. 아니마와 아니무스 투사를 자기 것으로 인식하지 못하면, 성이 난 아니마와 아니무스가 이들의 관계를 파탄 내려고 덤빈다. 아니마와 아니무스가 자신들의 존재를 알아봐 달라고 강력하게 어필하는 것이다. 아니마와 아니무스가 난장판을 벌인 것이 바로 부부 싸움이다.

상대방이 신이라는 또 다른 증거는 상대가 떠났을 때 세상을 온통 잃어버린 것 같고 자신의 인생이 끝난 것 같은 느낌이다. 실연을 당한 것만큼 불행한 일도 드물다.

존슨(1991)은 사랑에 빠져 상대를 신으로 여긴다는 것은 사실 상대를 모욕하는 것이라고 했다. 상대방이 가진 인간성은 뒷전으로 밀리고 대신 자신 내면에 있는 신의 원형을 투사했기 때문이다.

또한 상대방에게 신을 투사하는 것은 매우 위험한 일이다. 그것은 '내가 필요한 것을 신인 네가 완벽하게 다 해줘', '신의 메시지로 내 인생을 인도해 주고 영감을 줘, 내 인생을 구원해 줘'라는 의미이기 때문이다.

이때 관계에서 투사가 난무한다는 것을 아는 게 매우 중요하다. 또 자신이 산산조각 나고 박살 나는 체험 또한 매우 중요하다. 낡은 인격이 죽어야 새로운 인격이 태어날 수 있다. 지금껏 살아온 인격이 해체되는 경험이 필요한데 여기에는 고통과 괴로움, 비참함이 있어야 가능하다. 이때 자아는 자신을 가만히 두면서 고요하게 지켜 줄 필요가 있다. 그러면 사랑에 빠지는 것에서 사랑하는 것으로 변환이 일어난다(Johnson, 1989).

사랑에 빠지는 것에서 사랑하는 것으로 바뀐다는 것은 엄청난 변형이다. 눈에 덧씌운 것이 벗겨지면서 이들의 관계는 인간적으로 된다. 인간적인 사랑은 덜 황홀하고 덜 짜릿하지만, 훨씬 안정적이다. 이런 안정감 있는 변형은 모든 커플이 경험하는 것은 아니다. 어떤 커플은 지루하고 무료하며 사랑이 끝났다고 여긴다.

7

신의 뜻: 전인격화

무의식은 억압된 것이 모이는 쓰레기통이 아니라 바다 같은 곳이다. 무의식은 의식과 별개로 작동하는데, 무의식은 흩어진 정신을 하나로 통합시키는 핵을 가지고 있다. 통합이라는 방향으로 스스로 작동하는 것이다. 그 핵을 융은 자기|Self 원형이라고 불렀다(이부영, 2014).

정신을 구성하는 수많은 원형은 자기실현을 향해 있다. 마치 해바라기가 태양을 향해 얼굴을 돌리듯 콤플렉스는 '자기' 원형을 향해 있다. 우리에게는 자기실현이라는 본능이 있다. 그림자나 아니마와 아니무스를 의식화하는 것은 모두 전인격화 과정에서 일어나는 일이다.

전인격화는 인생에서 가장 고통스러울 때, 죽고 싶어질 정도로 심신이 엉망이 되고 관계가 깨져 파국으로 치달을 때 일어난다. 이런 고통은 무의식을 소외시키고 돌보지 않은 채 오로지 의식에만 열중했기 때문에 일어난 것이다. 다시 말하면 자아^{ego} 와 자기^{Self} 가 너무 멀리 떨어져 관계가 끊어졌기 때문이다. 건강한 사람은 자아와 자기의 거리가 그렇게 멀지 않다. 이런 일방적인 태도를 허락하지 않은 무의식이 고통을 만들어 주었다. 그래서 고통과 어려움, 시련은 내면에 관심을 가지고 신을 만나라는 신의 메시지다.

그러면 전인격화로 나아가야 하는 이유는 무엇인가? 융은 참 어려운 질문이라고 하면서 경이로운 세상이 '존재한다'라는 사실을 알기 위해서라고 했다. 불교에서는 이것을 깨달음(법)이라 하고 도교에서는 '도'라고 한다.

전인격화를 이뤘다고 해서 어느 날 흰 수염을 날리는 도인이 되거나, 평화와 사랑이 넘쳐 모든 것을 초월한 존재가 되는 것은 아니다. 만약 도인이 된 사람이 있다면 그것은 마나 인격이 들어와 자아 팽창이 일어난 것일 수 있다. 신이 있는 저울의 균형 그 지점에 머물 수 있는 순간은 아주 잠깐이다. 그 순간 무의식을 만난 자아는 새로운 태도를 가지게 된다. 세상은 변하지 않았고, 겉으로 보기에 그 사람도 특별히 달라진 것이 없어 보인다. 하지만 그 사람의 세상을 보는 시각이 더 넓어지고 더 깊어져 세상이 달리 보이고 세상을 바라보는 태도가 변한다.

전인격화를 위해 우리가 취해야 할 태도 중의 하나는 자기 인격에 욕심내지 않는 것이다. 깨달음을 얻으려고, 성숙한 인격으로 보이려고 욕심을 부리면 오히려 거꾸로 갈 수 있다. 그림자나 아니마, 아니무스를 인정하려면 솔직하고 겸손해야 한다. 연못에 도끼를 빠뜨린 나무꾼이 금도끼도 은도끼도 자기 것이 아니라고 한 이유는 자기 내면의 결핍이 있다는 것을 인정했기 때문이다. 돈에 열광하며 열심히 좇아 봐야 돈 욕심도 버릴 수 있다. 자신을 돈도 좋아하고, 비리도 있고, 속물근성도 있는 소소한 사람으로 인정하는 것이 매우 도움이 된다. 잘나지도 빛나지도 않은 자기 내면을 그대로 받아들일 수 있을 때, 내면의 귀한 보물을 찾을 수 있다.

인격을 통합하는 것이 목표가 아니라 자신의 인격을 구분하는 것이 목표이다. 그림자를 알면 자아가 확충되고, 페르소나를 잘 알게 되면 아니마, 아니무스도 구분할 수 있다. 이런 작업을 통하면 자연스럽게 전인격화로 나아가게 된다.

에스겔의 이야기

네 명의 랍비가 잠을 자고 있는데 한 천사가 나타나 천당에 데려갔다.

그 후 한 랍비는 놀라운 광경에 넋을 놓고 입에 거품을 물고 미쳐버렸다.

두번째 랍비는 꿈을 꾼 것이라고 그 사실을 냉소적으로 부인했다.

세번째 랍비는 천사의 경험을 곱씹으며 평생을 거기에 매달리며 집착했다.

네번째 랍비는 시를 쓰며 노래를 부르며 찬양했다.

그의 삶은 행복했다.

무의식의 원형이 가지고 있는 거대한 에너지를 전인격화를 위해

사용하려면, 먼저 신적인 부모에서 벗어나야 한다. 그것은 전인격화를

위한 첫발을 내딛는 것이라고 볼 수 있다.

2장

모성 원형과 심리적
탯줄 끊어내기

개인의 문제가 아닌 모성 원형의 문제

어머니라는 원형은 인간의 삶에서 전체성을 의미한다. 실제 오랜 시간 동안 인류 역사에서 어머니는 신으로 추앙받았다. 어머니가 신인 이유를 융은 다음과 같이 말했다. 어머니란 존재는 아기가 처음 만나는 세계이자 아기에게 어머니는 세상의 전부이고, 인간이 마지막으로 만나는 세계다. 또 어머니는 아기에게 신체적 전제 조건인 동시에 정신적 전제 조건이 된다. 이 말을 다시 풀어 쓰면 아기는 어머니의 몸에서 생겨 나왔고, 아기의 정신은 어머니의 것을 그대로 흡수하여 자기 것으로 만들었다는 뜻이다.

처음에 아기는 '신'으로서 어머니를 만난다. 아기가 성장하면서 어머니가 허점투성이 인간이라는 사실에 적잖은 실망을 한다. 어떤 사람은 전능 환상에서 벗어나지 못하고 죽을 때까지 부모가 신이 아니라는 점에 분노하고 원망하기도 한다. 완벽한 부모를 끝까지 포기하지 못하고 역동에 갇혀 사는 사람은 자신이 부모가 되었을 때도 완벽한 부모가 되지 못해 안달하고 불안해한다. 부모와 관련된 이슈가 인생에 지대한 영향을 미치는 것은 과연 부모의 역할이 잘못되었기 때문인가? 아니면 아직도 자라지 못하고 부모의 사랑이 필요한, 미성숙한 개인의 문제인가?

융은 단연코 말한다. 그것은 원형이 작동한 것이라고. 우리는 본능적으로 어머니를 신이라고 여긴다. 하지만 어머니를 위해서, 그리고 우리 자신을 위해서 부모에게 덧씌워진 신의 형상은 반드시 벗겨내야 한다. 그렇지 않으면 어머니도 망가지고, 어머니에게 묶여 휘둘리는 자녀도 망가진다.

모성 원형의 힘은 우리가 생각하는 것보다 훨씬 강력하다. 그 이유는 인류 역사의 시간 대부분에서 모성 원형이 자기 마음대로 모든 것을 할 수 있는 신으로 존재했기 때문이다. 그렇다면 어머니가 신으로 숭배되고, 어머니가 세상을 장악하게 된 것은 얼마나 오래된 일인가.

인류가 생긴 이래 100만 년의 시간을 1년 365일로 압축한다면, 인류가 농사를 짓기 시작한 것은 1년 중 어느 날일까? 농업혁명이 일어난 신석기 시대는 365일째인 12월 31일, 그것도 오후 2시에 해당한다. 또 산업혁명이 일어난 1800년은 12월 31일 밤에 해당한다. 인류는 대부분의 시간인 364일 동안 모성을 중심으로 채집에 의존하며 살아왔고, 아버지가 가족에서 권력을 가지게 된 것은 단 10시간에 지나지 않는다. 오랜 시간 동안 모성 신으로 추앙된 어머니의 영향력은 인류의 정신적 DNA인 원형에

고스란히 담긴 것이다.

어머니와의 분리에서 원형의 차원으로 이해해야 하는 것을 의식이 알지 못하면 곤란한 일이 벌어진다. 의식이 모성 원형의 존재를 알고, 원형의 작동을 자각하면, 무의식의 에너지는 자연스럽게 순환하며 흐른다. 반대로 의식이 모성 원형을 인식하지 못하고 원형의 작동이 차단되면, 거대한 원형의 에너지는 흐르지 못한 채 무의식에 갇힌다. 그러면 의식도 에너지를 얻을 수 없어 제대로 작동할 수 없다. 원형의 초월적인 힘은 사라지고 대신 모성 원형에 사로잡혀 어머니의 이미지에 병적으로 매달리게 된다고 융(Jung, 1981)은 주장했다.

무의식의 원형이 가지고 있는 거대한 에너지를 전인격화를 위해 사용하려면, 먼저 신적인 부모에서 벗어나야 한다. 그것은 전인격화를 위한 첫발을 내딛는 것이라고 볼 수 있다. 하지만 그 과정은 만만치 않다.

여기서는 신화와 민담을 통해 모성 원형이 가진 특성을 자녀의 발달단계에 맞춰 살펴보고자 한다. 신화에서는 어머니에게서 떨어져 나오는 것을 어머니가 아기를 잡아먹고, 아들이 제물이 되어 어머니에게 남근이 잘리고, 어머니에게 벗어나기 위해 아들이 어머니를 죽여야 하는 일이라고 이야기한다. 신화의 내용을 액면 그대로 받아들이면 곤란하다. 신화의 내용대로라면 어머니는 괴물이지 인간이 아니다. 신화의 내용에서 초점을 둬야 하는 부분은 감정이고 상징이다. 어머니에게서 벗어나는 일은 이토록 처참하고 잔인하게 느껴질 정도로 고통스럽다는데 초점을 맞춰야 한다.

2

모성 원형과 자아의 발달

전인격화라는 목표를 이루기 위해서는 일련의 발달과정을 거쳐야 한다. 그러려면 인생 전반기 동안 무의식과 구분되는 의식을 만들어야 한다. 특히 의식의 주인공인 '나' 즉 자아를 구축하는 것이 중요하다.

'자아'를 키우고 자라게 하는 것은 무의식 즉 모성 원형이다. 1세쯤이 되면 모성 콤플렉스와 부성 콤플렉스가 형성된다. 어머니의 돌봄과 사랑을 경험하려면 1) 모성 경험이 있어야 하고 2) 어머니 역할을 하는 실제 인물이 있어야 하며 3) 모성 원형이 작동되어 활성화되어야 한다. 그래야 모성 콤플렉스가 만들어지고 우리는 이미지를 통해 어머니를 경험할 수 있다. 모성이란 것은 자녀를 낳았다고 저절로 생기는 것이 아니다. 물론 본능과 원형이 작동하면 가능하지만, 그것은 충분조건이지 필요충분조건이 아니다.

인간을 이해하려면 개인적인 것과 원형적인 것을 모두 고려해야 한다. 예를 들어 높은 이상과 굳은 신념으로 열심히 사는 사람이 있다. 이 사람은 자기 내면을 돌보지 않고 병이 날 정도로 몸을 학대하면서 성실한 삶을 고집한다. 이렇게 된 이유는 그 사람 개인의 특성 때문이기도 하지만 원형이 작동한 결과일 수 있다. 어머니 역할도 마찬가지다. 어머니라는 한 인간이 하는 것일 수도 있고 모성 원형이 하는 일일 수도 있다.

'자아'를 거치지 않은 콤플렉스는 '나'의 입장이 반영되거나 고려될 수가 없다. 어머니 역할도 마찬가지다. 자아가 취약한 어머니는 모성 원형이 어머니를 압도한다. 그리고 거대한 모성 원형이 어머니와 자녀를 모두 삼켜버린다. 어머니가 한 행동은 어머니 원형이 작동한 결과이지 개인이 한 것이 아니다.

아들 역시 마찬가지다. 아들의 자아가 약할수록 아들은 어머니에게 휘둘리는데, 그 이유는 아들 내면의 모성 원형이 강력하게 작동했기 때문이라고 융은 보았다. 이것은 아들의 실제 어머니와 아무런 상관이 없다. 아들의 자아가 약하면 실제 어머니가 어떻게 하든 상관없이 모성 원형에 휘둘린다.

태어나서 어머니에게 신의 원형을 투사하며 완벽하게 자신을 돌봐주길 기대하는 것, 자라면서 어머니가 이제 더 이상 신이 아닌 것을 알았지만 아직도 신이 되어 주길 기대하는 것, 신이 아닌 어머니에게 실망하며 그 기대를 포기하기 어려운 것, 이런 모든 것은 모성 원형이 활성화되어 어머니에게 투사되었기 때문에 생기는 것이다.

무의식에는 전인격화를 이루려는 강력한 의지와 동기가 있다. 하지만 이 것도 의식이 동의하고 협조할 때 가능한 일이다. 의식이 모성의 원리를 이 해하고, 전체성을 이루려는 뜻이 있을 때만 전체성은 이뤄진다. 자아의 태도에 따라 모성은 긍정적으로 작용하여 도움을 주기도 하고, 반대로 부정적으로 작용하여 큰 위험에 빠뜨리기도 한다.

전인격화를 향해 정신이 성장한다는 말은 발달에 따라 원형의 변형도 함께 일어난다는 뜻이다. 의식의 중심에 있는 자아가 발달단계를 잘 밟아 가면, 자아의 무의식을 대하는 태도 역시 달라진다. 자아의 성장에 따라 자아는 무의식에 있는 원형과 새로운 관계를 맺게 된다. 자아가 성숙하는 과정을 분석심리학 관점에서 신화에 빗대어 해석한 노이만Neumann (1994)은 창조 신화를 시작으로 영웅 신화, 변환 신화의 순서로 자아가 발달한다고 보았다(Neumann, 1994). 이때 창조 신화는 세상이 생겨나고 최초 인류가 태어난 사실을 보고한 것이 아니라 의식의 탄생을 이야기한 것이다.

'어떤 입장에 있느냐'에 따라 우리가 취하는 시각과 태도는 사뭇 다르다. 창조 신화에서 바라보는 세상과 영웅 신화에서 바라보는 세상은 전혀 다른 세상이다. 세상을 대하는 '나'의 입장이 변하면 상황을 해석하는 시각도 달라지고, 상대방을 이해하는 것도 달라진다. 이때 가장 중요한 것은 '자아가 어떤 태도를 취하느냐'다.

신화는 개인적인 요소가 거의 없는, 원형 요소가 강하게 살아있는 이야기다. 객관 정신[1]이 가득한 신화는 우리에게 어떤 메시지를 전달하려는 의

도로 가득 차 있다. 세상을 만든 창조 신화를 액면 그대로 보지 말고, 무의
식에서 이제 막 자아가 탄생한 사건으로 바라보면 상당히 다른 이야기가
된다. 창조 신화에 담긴 이야기의 요소들은 일종의 원형으로서 상징적인
의미로 해석해야 한다.

---

1   객관 정신이란 개인적이고 주관적인 것이 아닌 집단적인 정신이다. 집단적이란 의미는 보편적
이어서 인간이라면 누구나 알고 모두가 수긍하는 것을 뜻한다.

모성: 영혼의 고향이자 온전한 세상이었던 곳

생명을 가진 것은 모두 어머니로부터 태어났다. 어머니 없이는 이 세상에 그 어떤 것도 존재할 수 없다. 의식은 무의식으로부터 태어나고 무의식으로부터 에너지를 얻는다. 의식의 뿌리는 바로 무의식인 셈이다. 그래서 비르크호이저(2003)는 무의식은 의식을 마치 어머니처럼 대한다고 보았다.

무의식에서 새로운 의식이 탄생한 것을 창조 신화에서는 하늘과 땅이 나뉘지 않고 어둠에서 빛이 생기기 이전 모든 것이 하나였던 암흑천지에서, 한 줄기 빛이 생긴 것으로 표현했다. 이것은 빛이 들어오지 않은 캄캄한 자궁 속에서 아기가 밝은 세상으로 나온 것과 같다.

아기의 몸이 어머니 자궁에서 나왔다면 우리 영혼은 어디서 왔을까?

우리 존재는 어디서 와서 어디로 갈까? 이 물음은 근원에 관한 질문으로, 우리는 무의식 즉 신의 품에 있다가 이 세상에 왔다는 사실을 이미 잘 알고 있다. 그래서 사람이 죽었을 때 '돌아갔다'라고 말하는데, 원래 있었던 신이 있는 곳, 영혼의 고향으로 돌아가는 것이다.

신이 있는 곳, 끝을 알 수 없는 우주는 곧 무의식이다. 그곳은 어머니이고 자연이며 세상이 생기기 전 온전했던 곳, 어둠 속이다. 이제 막 태어난 아기를 천사라 부르고 신으로 모시는 것도 모두 같은 맥락이다. 이에 비해 무의식에서 나온 의식은 어둠에 대비되는 빛이고 어머니에게 대비되는 아들이다.

깜깜하면 무엇인지 인식할 수도 없고 분간할 수도 없다. 어떤 상황인지 파악할 수 없어 극도로 불안하다. 어두움은 두려움과 혼란으로 가득 차 있다.

아직 자아가 확립되지 않은 아이의 모래 상자는 혼란 그 자체다. 공룡과 자동차가 함께 있고, 바다와 육지가 뒤섞여 물고기가 땅에 산다. 시대의 구분도 없고 땅과 바다, 계절의 구분도 없다. 너무 혼란스러운 아이는 피규어를 모래 상자에 죄다 쏟아붓기도 한다.

대극이 나뉘지 않은 온전한 세상은 반대의 것이 뒤섞여 있어 모순 그 자체다. 이것이기도 하고 동시에 저것이기도 해서 분별이 어렵다. 모든 것이 뒤죽박죽, 엉망진창이어서 무질서하고 혼란스럽다. 하지만 온전한 세상은 그 나름대로 질서와 순리가 있다. 혼돈은 창조의 근원이다. 태초의 혼돈은 세상이 생겨나기 위한 필수 조건이다. 아무것도 없는 무는 유를 낳고 준비하는 요람이다(정재서, 2023).

> 형태는 없으나 완전한 어떤 것이 있다.
> 하늘과 땅이 생기기 전에 있었는데
> 고요와 같고 비어있는 것과 같다.
> 독자적이고 변하지 않는다.
> 사람들은 그것을 세계의 어머니로 여긴다.
> (노자의 역경[易經])

고대 인류는 성관계로 임신이 된다는 사실도, 자궁에서 아기를 키우고 낳는다는 사실도 알지 못했다. 그런데도 '나는 어디서 왔는가?'라는 질문에 고대 인류는 '어머니의 자궁'이라고 답했다. 이때 자궁은 신체 기관을 뜻하는 것이 아니라 가장 본질적인 가치를 담고 있는 무의식을 뜻한다. 이때 어머니 역시 한 개인의 어머니를 뜻하는 것이 아니라 인류의 수많은 어머니, 위대한 모성, 태모[Great mother]를 뜻한다(Neumann, 1994).

예를 들어 바이킹의 무덤은 둥글게 생겼는데, 이것은 어머니의 자궁을 의미한다. 바이킹은 자궁에서 왔다가 죽어서 다시 자궁으로 돌아가는 것을 둥근 원으로 표현했다. 이런 무덤은 남미의 나스카에서도 발견된다. 나스카의 거대한 문양이 새겨진 지역은 원래 공동묘지로, 이곳은 시신이 썩지 않고 미라가 될 만큼 매우 건조하고 척박한 지역이다. 그래서 지금도 땅을 조금만 파 내려가면 미이라를 쉽게 발견할 수 있다. 나스카의 무덤을 보면, 죽은 자를 매장할 때 둥근 원의 모양으로 판 다음 시신을 둥글게 앉힌다. 이때 둥글게 파 내려간 무덤 모양은 어머니의 자궁으로, 죽으면 다시 어머니에게 돌아간다는 의미가 있다.

그래서 융은 자궁처럼 생긴 깊은 구렁텅이, 동굴, 집, 어머니처럼 생명을 키워내는 땅과 바다, 호수, 연못, 깊고 어두운 지하 세계나 동굴이 모성 원형을 상징한다고 보았다. 품고 에워싸고 보호하고 기르고 감추면서 모든 것을 둘러싸는 거대한 것, 그러면서 가장 근원적인 것이 바로 모성이다.

고대 인류에게 아기를 기르고 낳을 수 있는 일은 신만이 할 수 있는 엄청난 일이었다. 자녀를 많이 낳을 수 있다는 것은 노동력이 풍부하다는 뜻이다. 다산이 부이자 권력이었던 시절에 자궁을 가진 어머니가 신성시되는 것은 너무나 당연한 일이었다. 가부장 사회가 되자 남성들은 여성의 임신과 출산을 통제하기 시작했고, 여성의 자궁을 남성의 권력을 위해 사용하였다. 이것은 자궁과 모성이 얼마나 힘이 강하고 중요한지를 보여주는 방증이다.

공생기 어머니: 우로보로스

원, 완전함의 상징, 우로보로스

무의식의 특징 중 하나는 완전함이다. 서로 정반대인 것들이 대극을 이루지 않고 통합되어 온전함을 이룬다. 둥근 원은 위도 아래도 없고, 시작도 끝도 없는 모양을 하고 있다.

원이라는 완벽한 세상에서는 신과 인간, 처음과 끝, 탄생과 죽음, 하늘과 땅, 남과 여, 빛과 어둠, 의식과 무의식이 나뉘지 않고 하나로 합쳐져 있다. 신화에서는 완벽하고 온전한 태초의 모습을 원圓이나 구球, 알卵처럼 둥근 것으로 표현했다(Neumann, 1994). 주몽이나 김알지처럼 영웅은 알에서 태어났다. 실제 모래놀이치료에서도 알에서 깨어났다고 하면서 자아의 탄생을 알리는 경우가 많다.[2]

융은 이런 둥근 것은 창조자가 마든 영원하고 무한한 우주를 나타낸다고 하였다(Jung, 1981). 성당의 둥근 천장, 이슬람 사원의 둥근 돔, 교회의 장미 모양의 둥근 스테인드글라스, 만다라는 바로 하늘과 우주를 표현한 것이다.

고대 이집트 신화에 등장하는 우로보로스 역시 둥글다. 우로보로스란 자기 꼬리를 입에 물고 있는 동그란 모습을 한 뱀 혹은 용이다. 우로보로스는 스스로 태어나고 자라고, 동시에 스스로 파괴하고 죽인다. 우로보로스는 여성이자 남성으로, 스스로 수태시키고 임신한다. 임신을 위해 그 어떤 대상도 필요 없다. 수동적이면서도 능동적이며 자족自足적이다. 동시에 그것은 형태가 없는 텅 빈 무無다(Neumann, 1994).

〈그림 2-1〉 우로보로스
(출처: 네이버 지식백과, 시각문화대표콘텐츠, 2014)

---

2 청소년기, 성인기가 되어도 자아가 확립되지 못한 경우가 많다. 의식의 탄생이라는 창조 신화는 아이에게만 해당하는 이야기가 아니라, 개인의 전 인생에서 볼 수 있는 이야기다.

우로보로스의 자기 입에 꼬리를 물고 있는 모습은 시작이 곧 끝이라는 의미이다. 태양은 끊임없이 뜨고 진다. 달도 끊임없이 그믐달이 되었다가 보름달이 된다. 수없이 뜨고 지는 해와 달처럼 끝도 없이 반복되는 무한한 것을 둥근 원으로 표현한다. 우로보로스는 곧 완벽한 신의 모습이다.

우로보로스를 심리학적으로 이해하면 자아가 생기기 이전, 아기와 어머니의 공생관계를 말한다. 무의식 그 자체인 우로보로스는 어머니의 자궁이고 아기에게는 더할 나위 없이 행복한 파라다이스다. 그곳은 자아도, 인간도 없으며 오로지 신만 존재하는 세계다. 그래서 완전하다고 말한다. 모성 원형 역시 긍정적인 측면과 부정적인 측면이 완벽하게 하나다.

약하고 무력하기 짝이 없는 아기를 어머니가 전적으로 돌보는 공생기 시절, 우로보로스 모성은 아기에게 신과 같은 존재다. 우로보로스는 생명과 심혼이 하나가 된 상태로, 아기에게 완벽한 은신처가 된다. 인생 후반기 전인격화를 이룰 때 우로보로스는 자기실현을 이룬 모습인 만다라로 다시 등장할 것이다(Neumann, 1994).

실제로 갓 태어난 아기의 심리 상태는 자아가 미숙해서, 어머니가 자신과 다른 사람이라고 인지하지 못할 뿐만 아니라 경계에 관한 개념도 없다. 그래서 아기 자신은 곧 어머니다. 어머니가 신인 것처럼 아기 자신 역시 신이다. 모성 신이 완벽하게 해준 것을 아기는 자신이 했다고 착각한다. 그러면서 아기는 신처럼 모든 것을 다 할 수 있다는 전능감을 갖는다. 공생기의 전능감은 매우 중요한 요소로 한 사람의 성격 발달에 많은 부분을 결정한다.

공생기에 해당하는 정신질환은 대부분 치료가 어렵다. 이런 질환은 신에게 매달리는 방법밖에는 없다는 것도 같은 맥락으로 이해할 수 있다.

사랑과 미움, 기쁨과 슬픔, 쾌와 불쾌, 매력과 혐오, 승낙과 거절 같은 감정도 처음에는 하나였다가, 나중에 나뉘면서 상극이 된다. 아이들은 웃다가 울고, 시작하다 멈추고, 좋아하다 금방 싫증을 낸다. 남성과 여성 역시 처음에 하나였다. 자웅동체적인 특성은 아이들에게서 흔히 볼 수 있다. 여성과 남성의 특징을 강조하고 성 역할을 요구하는 해로운 환경이 없었더라면, 아이는 남아와 여아가 아닌 그저 아이였을 것이다. 여자아이에게서 남성적이고 능동적인 특성을 얼마든지 볼 수 있고, 남자아이에게서도 여성적이고 수동적인 특성을 쉽게 볼 수 있다. 또 아이들에게는 현실과 상상의 영역도 구분이 희미하다. 어떤 경우에는 상상 속의 친구가 현실에 존재하는 친구보다 더 친밀하고 중요할 수 있다(Neumann, 1994).

대극의 쌍은 따로따로 분리되거나, 서로 맞서 강하게 대치하지 않는다. 오히려 대극은 아주 긴밀하게 연결되어 있다고 분석심리학에서는 본다. 대극은 고정된 것도, 불변하는 것도 아닌 상대적인 개념이다. 우로보로스라는 무의식은 자연의 흐름에 따라 무의식에서 세상(의식)으로, 다시 세상에서 무의식으로 순환한다.

흙으로 인간을 빚은 신, 대지의 여신

많은 신화에서 흙을 빚어 인간을 만드는 걸 볼 수 있다. 구약성경 창세기에는 하나님이 진흙으로 사람을 빚고, 코에 입김을 불어 넣어 인간을 만들었다. 그리스 신화에서는 프로메테우스가, 중국에서는 여신 '여와'가 흙으로 인간을 만들었다.

왜 인간을 흙으로 빚었을까? 사람이 죽으면 흙이 되는 것을 본 고대 인류는 흙이 된 인간을 다시 흙으로 빚으면 인간이 될 수 있다고 생각했나 보다.

어머니나 여신의 몸이 세상이 되었다는 이야기도 자주 볼 수 있다. 제주 신화에서는 설문대 할망이 세상을 창조하였고, 할망의 몸은 제주 섬이 되었다. 제주 할망은 한라산을 베개 삼아 잠을 잔다. 몰타의 여신도 길게 누워 잠을 자는데, 잠자는 여신의 몸이 바로 몰타섬이 된다. 바빌로니아 신화에서 모든 신의 어머니인 거인 티아마트는 젊은 신들에게 살해당하는데, 어머니의 두 동강 난 몸통은 하늘과 대지가 되고 머리는 산과 강이 된다.

신의 몸이 세상이 된다는 신체화생身體化生 신화는 나중에 의학으로 이어진다. 동의보감에서 허준은 다음과 같이 말했다. 하늘과 땅 사이에 사람이 가장 귀하니 머리가 둥근 것은 하늘을 본뜬 것이며 발이 네모진 것은 땅을 본뜬 것이다. 하늘에 사시가 있듯이 사람에게는 사지가 있다. 하늘에 오행이 있듯이 사람에게는 오장이 있다. 땅에 지하수가 있듯이 사람에게는 혈맥이 있고 땅에 초목이 있듯이 사람에게는 모발이 있다. 이렇게 인간은 자연으로부터 비롯되었다.

임신 중에 어머니가 먹는 것은 고스란히 아기의 자양분으로 이어진다. 만일 어머니의 섭생에 문제가 생겨 아기가 필요로 하는 영양분이 제대로 들어오지 않은 경우, 어머니의 신체에서 그 영양분이 빠져나간다. 칼슘을 제대로 섭취하지 못하면 어머니의 치아나 뼈에 있는 칼슘이 빠져나가 아기에게 흡수된다. 한의학에서 출산한 어머니를 고갱이가 쏙 빠져나가 껍데기만 남아 있는 마늘이나 양파에 비유한다. 우리는 어머니의 피와 살로 만들어졌다.

생명을 품고 키우는 대지의 마법은 아기를 낳고 키우는 어머니의 마법과 같다. 또 인류의 오랜 역사 동안 식량 문제를 담당한 것은 여성의 채집 활동이었고, 농경사회에 이르기까지 여성들은 땅과 함께 삶을 사는 존재였다. 그래서 어머니는 대지의 여신이다.

그리스 신화에서 대지의 여신 가이아, 곡물의 여신 데메테르, 불교의 지장보살은 모두 대지의 여신 즉 어머니다. 불교에서 지장보살[3]의 지장地藏은 산스크리트어 크시티가르바Ksitigarbha를 한문으로 번역한 말이다. 크시티가르바란 대지의 태胎 또는 자궁으로, 지장보살은 대지(大地)의 보살이다. 지장보살은 모든 중생이 모두 성불한 다음 마지막으로 자신이 성불하겠다고 마음먹은 어머니 보살이다. 가부장제 문화가 확립되면서 모성 신은 축소되어 남성의 유일신에 묻히게 되었다.

어머니와의 관계가 어려운 아이들은 모래 상자에 다가와 모래를 만지

---

3   지장보살은 돌아가신 어머니를 구하러 지옥으로 간 보살로, 그녀의 모습은 삭발한 푸르스름한 머리와 지옥문을 열 수 있는 육환장을 들고 있는 모습이다. 이것은 지옥에 있는 중생까지 모두 구제할 때까지 승려가 되어 힘쓰겠다는 지장보살의 의지를 표현한 것이다.

는 것조차 거부한다. 모래놀이치료에서 가장 중요한 것은 피규어가 아니라 바로 '모래'다. 모래는 용암으로 뿜어져 나온 지구 속 멘틀이 가루가 된 것이다. 그래서 모래는 지구, 무의식, 어머니라고 볼 수 있다. 치료가 진행이 되어 아이가 회복하기 시작하면 만지는 것조차 싫어했던 모래를 계속 만진다. 만지고 모래를 뿌리고 날리고, 모래 위에 무언가를 그리고, 모래를 다지거나 헤쳐 놓기도 하면서 어머니 이미지를 살려내기 시작한다. 아이들은 대지가 어머니임을 생생하게 모래 상자에서 말해준다.

살리기도 하고 죽이기도 하는 우로보로스

모성 원형에는 치유하고 생명을 살리는 여신이 있다. '어머니 손은 약손'처럼 병을 낫게 하고 회복시키는 것은 모성 영역에서 일어나는 일이다. 치유-약-모성-뱀-신으로 연결되면서 헤르메스의 뱀 형상은 나중에 의사의 상징이 된다. 모성 원형은 한 생명을 태어나게 하고 돌보고 키우며 생명을 살리는 존재다.

동시에 잡아먹고 파괴하는, 생명을 거둬들이는 것도 모성 원형이다. 융은 어둠, 깊고 캄캄한 숲, 심연, 지하, 삼키고 잡아먹는 것, 독처럼 무시무시한 것은 모두 다 모성의 어두운 면을 상징한다고 보았다. 모성 원형이 대단하고 위대한 만큼 그 그림자 역시 어둡고 끔찍하리만큼 무섭다. 자녀에게 "같이 죽자"는 말은 어머니가 자주 하는 협박이다.

살리고 죽이는 모성은 여성의 고유한 영역인 월경, 임신, 출산 그리고 죽음과 관련이 있다. 이것들은 모두 피와 연관이 있는데, 피는 탄생을 의미하는 동시에 죽음을 의미한다. 오래전부터 여성은 출산을 도우며 성스러운 피 냄새를 맡았고, 죽은 이의 몸을 씻기면서, 삶과 죽음의 과정에 깊이 관여해 왔다. 이렇게 삶과 죽음은 여성과 매우 친숙하다.

우리나라 민담 「바리데기」는 토속신앙인 무당이 조상신으로 모시는 여신 바리공주의 이야기다. 7번째 딸로 태어났다는 이유로 버림받은 바리데기는 부모를 살리기 위해 황천길을 찾아 떠난다. 저승에서 돌아올 때 떠도는 영혼을 구하고, 죽은 부모를 살려내는 바리데기는 의술의 신이자 원혼을 천도하며 저승을 관장하는 신이다. 살리기도 하고 죽이기도 하는 대표적인 모성 원형이다.

뉴멕시코 산악지대에 삶과 죽음을 주관하는 여신 라로바가 있다. 라로바는 사막에서 주워 온 온갖 동물 뼈를 맞추며 생명을 회복시킨다. 늙은 여신 라로바는 바로 죽은 것, 버려진 것을 다시 새로운 기운으로 살려내는 여신인데, 이때 뼈는 깨지거나 부서지기 어려운 영원한 것으로, 마치 불멸의 영혼을 상징한다(Estés, 1994). 라로바가 뼈를 맞추는 것처럼 모성은 죽은 이를 살리기도 하고 산 이를 죽이기도 한다.

심리적으로 죽은 것이란 무엇을 의미하는가? 필요 없다고 버렸거나 무시하고 천대하면서 죽도록 내버려 둔 자아의 어떤 부분을 의미한다. 여성은 뛰어난 지혜와 사랑으로 죽은 부분을 살려내는 능력을 지녔다.

휘감고 감싸며 잡아 붙드는 모성

인간이 다른 동물과 다른 점이 있다면 바로 의식을 계발한다는 점이다. 동물들은 무의식 즉 본능대로 산다. 뇌가 거의 완성된 채 태어나는 동물과 다르게 인간은 미완성의 뇌를 가지고 태어나 완성을 향해 나간다. 우리는 인격을 완성하는 '전인격화'라는 작업을 평생에 걸쳐 완수해야 하는 숙명을 지니고 태어났다.

우로보로스 모성은 자아를 완성된 인격으로 키우기도 하지만 동시에 자아가 자라는 것을 좌시하지 않고 방해하기도 한다. 그 이유는 무의식은 원래 아래로 끌어당기는 힘, 자궁으로 퇴행시키는 힘이 무척 강하기 때문이다.

갓 태어난 자아에게 깨어있다는 것은 위험하고 괴롭고 무서운 일이다. 어쩌면 어머니 자궁 속 무의식에 빠져 잠들어 있는 것이 안전하고 무탈하며 편안할지도 모른다. 그런 나머지 우로보로스에서 벗어나야 함에도 불구하고 계속 어머니 자궁, 우로보로스 품에 머물고 싶어 한다. 전인격화라는 인생의 목표를 거스르고 '자기'만의 삶을 포기하면서까지, 더할 나위 없는 행복을 누리려고 우로보로스 시절로 되돌아가려 한다 (Neumann, 1994).

자신만의 자아를 제대로 구축하지 못하고, 어머니로부터 독립하지 못한 알콜중독자나 정신질환자, 자살 충동에 시달리는 경우가 바로 여기에 해당한다(Birkhäuser-Oeri, 2003). 자아가 약할수록, 무의식과 우로보로스 모성이 두렵다.

원, 돌고 도는 운명, 운명의 신

시작이자 끝인 둥근 우로보로스는 윤회라는 끊임없이 돌아가는 운명의 수레바퀴 그리고 영원함을 상징한다. 윤회란 삶과 죽음의 수레바퀴에서 벗어나지 못하고 영원히 돌고 도는 인간의 운명, 굴레를 말한다(종교학대사전, 1998). 우리는 수많은 윤회를 거쳐 또 이생에 왔다. 우리의 무의식은 이미 윤회라는 우로보로스를 알고 있다. 어디서 왔는지, 또 어디로 가야 하는지 알고 있다. 운명의 수레바퀴를 돌리는 것은 모성 신이며, 다시 돌아갈 곳도 모성 신의 품이다.

신화에서 삶과 죽음을 관장하는 여신들은 대개 베를 짜고 있다. 이때 씨실과 날실로 한올 한올 짜는 베는 인간의 운명을 상징한다.

고대 인류는 무엇을 새롭게 만들고 창조하는 것은 모두 신이 한 것이라고 여겼다. 신만이 할 수 있는 위대한 일인 것이다(고혜경, 2010). 우리가 놀라운 발명품이나 작품을 보면 "이것은 인간이 한 것이 아니야, 신의 작품이야"라고 하는 것과 같은 맥락이다.

인류 조상이 최초로 발명한 것 중 하나가 바로 옷감이다. 이 놀라운 발명품은 신의 작품으로, 길쌈은 직녀 같은 하늘의 여신이 하는 일이다(고혜경, 2010). 그리스 신화에서 모이라라는 여신들은 운명의 여신으로, 한 여신이 실을 잣으면 또 다른 여신이 그 실을 감고, 또 여신은 그 실을 끊으면서 인간의 운명을 엮어 나간다. 어머니의 임신과 출산도, 인연이나 운명을 짜는 것도 신만이 할 수 있다. 그래서 모성 원형은 신이자, 무의식이다.

그리스 신화에서 아라크네라는 여인은 겁도 없이 아테나 여신과 베 짜기 대결을 벌인다. 인간의 오만한 도전은 결국 파멸을 부르는데, 신의 노여움을 산 아크라네는 입으로 실을 뱉어내는 거미가 되었다. 이렇게 한 올 한 올 짜는 천, 실, 거미줄, 직조는 모두 모성과 관련이 있다.

아이들의 모래놀이치료에서 무시무시한 거미를 보는 것은 아주 흔한 일이다. 거미 입에서 나온 거미줄에 걸려들면 '최소한 사망'이라는 사실을 아이는 무의식적으로 이미 알고 있다.

어머니가 자녀에 관해 가지는 환상은 곧 자녀의 운명이 된다. 어머니가 바라는 대로, 어머니가 걱정하는 대로 자녀는 그렇게 된다. 불운을 예견하는 저주나 비난, 어머니의 확신과도 같은 불안은 현실로 이루어지게 만드는 마력을 가지고 있다. 결국 어머니는 자녀의 인생을 짜는 여신이다.

더 나아가 한올 한올 운명의 실을 짠다는 것은 위대한 여성의 통찰력으로 무엇을 살리고 무엇을 죽일지, 무엇을 버리고 무엇을 새로 시작할지 결정한다는 의미다(Estés, 1994). 이렇게 모성은 새로운 판을 짜고 새로운 시작을 예고하면서 새로운 세상을 여는 존재다(고혜경, 2010).

입, 허기, 음식, 잡아먹는 모성

다시 자기 꼬리를 자기 입으로 먹는 우로보로스로 가보자. 자기 꼬리를 자기 입으로 먹는 신은 중국에도 있는데 바로 '제강'이다.

〈그림 2-2〉 혼돈의 신 '제강'

제강이라는 혼돈의 신

곤륜산에 사는 혼돈은 눈이 있어도 보지 못하고 귀가 있어도 듣지 못하며 배가 있지만 창자가 없고 걸어도 나가질 못한다. 그러나 혼돈은 사람을 보면 어디를 가는지 알 수 있었다. 덕이 있는 사람에게는 들이받았고, 못된 사람은 졸졸 따라다녔다. 혼돈은 자기 꼬리를 물고 빙빙 돌고 있다.

자기 꼬리를 자기 입으로 무는 제강의 모습은 이집트 신화의 우로보로스와 비슷하다. 인도의 공포의 여신 칼리는 마음에 드는 사람에게는 끝없이 잘해주지만, 마음에 들지 않은 사람은 산 채로 우적우적 잡아먹는다. 여기서 방점은 '입' 그리고 '먹는다'이다.

인도의 요가나 차크라 같은 동양 의학에서는 우리의 몸이 우주라고 본다. 눈이나 귀, 손과 발 신체의 모든 부위는 몸 전체를 반영할 뿐만 아니라 우주를 나타낸다는 것이다. 신체화생 신화에서처럼 신의 창조물인 신체는 곧 '신'을 뜻한다.

이집트에서는 심장에 영혼이 담겨있다고 보았다. 그래서 죽은 자의 심장을 꺼내 무게를 재면 그 사람의 영혼이 얼마나 선하고 악한지 알 수 있다고 믿었다[4] (Neumann, 1994).

< 사진 2-1> 사자의 서.
죽은 자의 심장 무게를 재는 의식
(출처: 구글이미지)

신만이 가질 수 있는 불을 훔친 프로메테우스가 독수리에게 간을 쪼이는 벌을 받는데, 이때 간은 영혼을 상징한다. 이렇게 옛날 인류의 조상들은 신체에는 영혼이 담겨있으며, 신체는 곧 완전함, 신이라고 믿었다. 노이만(1994)은 그중에서도 소화기관은 인간의 가장 기초적인 심혼이자 본능을 뜻한다고 했다.

자기 꼬리를 입에 넣고 있는 우로보로스 모성은 자아가 가장 미숙하고 약한 시절이기도 하다. 아기에게는 배고픔과 허기마저도 죽을 것같이 감

---

4   이 그림은 인간의 영혼이 사후세계로 가기 위해 받는 최후의 심판을 그린 것이다. 죽은 자의 심장을 큰 저울에 올려놓고 여신 마트의 깃털로 무게를 재는데, 심장이 마트의 깃털보다 무거우면 많은 죄를 지었다고 여겨 괴물인 암무트가 심장을 먹는다. 그러면 죽은 자의 영혼은 사후세계로 가지 못하고 이승을 떠돈다. 반면에 심장과 깃털의 무게가 일치하면 죽은 자의 영혼은 부활한다고 믿었다.

당하기 어려운 일이다. 우로보로스에게 아기는 자기 일부다. 우로보로스가 자기 꼬리를 먹듯, 아기는 우로보로스에게 걸핏하면 잡아먹힌다.

이제 막 생긴 조그마한 섬이 바다에 침식당하는 것도, 자식을 잡아먹는 크로노스도, 미노타우로스에게 아이들을 바치는 것도, 아이들이 꿈에 귀신이 죽이러 쫓아 온다고 하는 것도 우로보로스에게 잡아 먹히는 것이다. 이것은 주인행세를 하기는 아직 미약한 의식이 거대한 무의식에 압도당하는 장면이다.

우로보로스의 신화에는 '게걸스럽게 먹는다', '삼킨다', '잡아먹는다'라는 표현이 자주 등장한다. 우로보로스에게 배불리 먹는 것은 곧 산다는 의미고, 허기지고 배고픈 것은 죽음을 의미한다. 그래서 지금도 전쟁에서 지거나 나라가 망하거나, 기업이 합병될 때 '잡아먹었다', '집어삼켰다'라고 말한다(Neumann, 1994). 백설 공주 이야기에서도 질투에 눈이 먼 계모 왕비는 사냥꾼에게 백설 공주를 죽이고 폐와 간을 가져오라 한다. 사냥꾼은 백설 공주 대신 동물의 폐와 간을 가져오고 왕비는 그것을 먹는다.

우로보로스의 '먹는다'는 자연스럽게 음식으로 연결된다. 대부분의 문화에서 신에게 음식을 제물로 바친다. 신이 제물을 먹고, 제물이 신에게 흡수되면서 신의 일부가 된다. 그러면 잡아 먹힌 것도 영원히 살아있는 신, 창조주가 된다. 예수가 빵과 포도주를 '나의 살이요, 나의 피'라고 말한 것에 따라 기독교에서는 성체 의식을 치른다. 신에게 바쳐진 제물을 우리가 먹음으로써 우리는 영생을 얻을 수 있다. 생명과 죽음이라는 개념을 구체적인 물질로 나타낸 것이 바로 음식이다(Neumann, 1994).

집어삼키는 우로보로스 어머니란 어떤 어머니일까? 어머니 마음대로 자녀 인생에 개입하여 조종하고 간섭하는 어머니, 자녀를 자기 것이라고 착각하며 소유하려는 어머니가 우로보로스 어머니다. 자기 마음대로 하는 우로보로스 어머니는 사랑의 의미도 제대로 모르면서 자녀를 위해 희생하고 헌신했다고 착각한다. 그 이유는 어머니가 자아가 약한 나머지 우로보로스에게 잡아 먹혔기 때문이다. 어머니의 한 것은 모성 원형이 하는 일이지 어머니라는 '한 사람'이 하는 일이 아니다. 우로보로스 어머니를 둔 자녀 역시 자라지 못하고 유아로 남아 우로보로스에게 잡아먹힌다.

막강한 우로보로스 어머니 중의 하나가 불행한 어머니다. 고생으로 찌들어 심신이 고달픈 어머니를 자녀는 위로하며 돌본다. 맛있는 것을 먹거나 멋진 경치를 보는 순간, 자녀는 불쌍한 어머니가 떠오르면서 자신만 좋은 것을 누리는 이기적인 사람인 것 같아 괴롭다. 자책과 죄책감에 압도당해 꼼짝할 수 없는 자녀는 자신만의 행복한 삶을 포기한다.

늘 잔소리를 해대는 어머니가 있다. 자녀의 일거수일투족에 간섭하고 확인하며 개입한다. 어머니의 잔소리를 듣고 있으면 넋이 나갈 정도다. 무기력한 나머지 반항할 힘도 없는 자녀는 어머니의 말을 듣는 척하면서 그저 영혼 없는 대답만 할 뿐이다. 아들은 자기 뜻대로 하고 사는 것이 별로 없다. 해 봤자 결국 어머니 뜻대로 되기 때문이다. 자기 것을 하나씩 포기하기 시작한 아들은 결국 양치나 세수마저도 하지 않고 거지 꼴을 한 은둔

자가 되었다. 우로보로스 어머니는 잔소리를 해대며 아들을 잡아먹었다.

어머니에게 잡아 먹힌 나머지 자녀의 결혼 생활은 풍비박산이 난다. 우로보로스의 자녀는 배우자와 어떻게 친밀한 관계를 맺고, 사랑을 주고받는지 배우지 못했다. 그래서 오로지 성을 통해서만 관계를 맺든지, 아니면 환상 속에서만 관계를 맺는다.

모성 원형이 긍정적이라고 해서 마냥 좋은 것도 아니다. 긍정적인 모성 또한 파괴적이다. 따뜻하게 품어주고 길러주는 대지의 여신에게 사로잡힌 여성은 오로지 '어머니'로만 산다(Birkhäuser-Oeri, 2003). 한 사람으로서 개인이나 여성으로서 삶이 없다.

공생기가 끝났음에도 불구하고 우로보로스를 고수하며 자녀의 인생을 장악하는 어머니가 있다. 아기의 성장에 따라 어머니의 품도 변해야 한다. 어머니가 우로보로스에 머물러 있으면, 아이도 성장을 멈추고 영원히 아기 상태로 머물러 있다. 이 말은 그만큼 모성 원형의 힘이 강력하다는 뜻이다.

모성 원형이 자아 콤플렉스를 압도할 수 없도록 어머니는 정신을 바짝 차려야 한다. 어머니가 무언가를 할 때 '지금 무엇을 하느냐? 누가 하느냐? 왜 하느냐?'를 자아를 통해 자꾸만 물어봐야 한다. 만약 '자녀를 위해서'라고 답한다면, 질문을 바꿔 '너의 무엇을 위해서?'라고 다시 물어봐야 한다. 이런 과정 없이 자동으로 모성 원형이 자아를 대신해 어머니 노릇을 하면 어머니는 죽음의 모성이라는 괴물이 된다.

5

유아기: 남근을 가진 우로보로스

인간의 정신은 무의식에서 떨어져 나와 의식을 계발하고 자아를 구축하려는 본능이 프로그래밍 되어 있다. 퇴행하려는 무의식의 힘에 맞서한 줄기 빛처럼 시작되는 자아의 출현은 천지개벽에 버금가는 엄청난 일이다. 의식의 탄생을 다룬 창조 신화에서는 어둠에서 한 줄기 빛이 생겨났다, 혹은 영웅이 알에서 깨어났다고 표현한다[5]. 자아가 만들어지면서이제 의식은 정신의 주인행세를 하려고 한다.

---

5 모래놀이치료에서 창조 신화는 알에서 새끼가 나오는 것, 아기가 태어나는 것, 땅과 바다가 나뉘는 것으로 표현된다. 그 이전 혼돈의 시기는 많은 경우 공룡시대로 표현되거나, 혹은 낮과 밤, 여름과 겨울, 바다와 땅, 고대와 현대, 아군과 적군이 구분되지 않는 혼란 그 자체로 표현된다.

세계 곳곳의 신화에서 시조는 알에서 태어난 경우가 많다. 창조 신화의 유형 중 하나가 바로 '세계의 알', '황금의 알'에서 태어나는 난생설卵生設이다(이유경, 2008).

바다라는 무의식에 잠식당하지 않으려면, 아기는 든든한 자아를 만들어야 하고 거기에는 엄청난 노력이 요구된다. 우로보로스 모성에게도 자녀의 자아가 만들어진다는 것은 엄청난 희생과 아픔을 요구하는 일이다(Neumann, 1994).

아기의 자아는 언제쯤 만들어지는가? 자아가 만들어졌다는 것은 어떻게 알 수 있는가? 2세쯤 아기가 '내가', '싫어, 안 해'라고 말하는 것은 아기의 자아가 하는 일이다. 또 아기는 거울에 비친 사람이 자신인 줄 아는데, 이것도 자아가 태어났다는 증거다. 그러나 아기의 자아는 엉성하고 어설퍼서 '나' 콤플렉스가 만들어졌다고 보기는 어렵다.

아기는 아직 어머니가 절대적으로 필요한 약한 존재다. 어머니에게 의존하는 아기의 모습을 신화에서는 '우로보로스에 남근이나 가슴이 생겼다, 남근이나 가슴으로 아기를 낳는다'라고 표현한다(Neumann, 1994).

「이집트 신화」의 한 부분

자족하는 존재, 아툼 Atum(Soul) 은 쾌락을 위해 자기 남근을 손에 쥐었고, 거기서 쌍둥이 오누이 슈 Shu 와 테프네트 Tefnet 를 낳았다. 나는 나의 손으로 성교를 하였고, 나의 입에서 슈와 테프네트를 토해냈다.

신화의 내용은 어떤 뜻을 담은 이미지다. 성적이고 근친상간적인 표현을 액면 그대로 받아들이면 무척 곤란하다. 이집트의 상형문자 이후 수천 년이 지난 후에야 문자가 발명되어 성경을 기록할 수 있었다. 수천 년 동안 문자가 없었던 고대 인류는 세상의 창조나 인간의 성장을 표현하는 것이 무척 어려웠을 것이다. 고심한 끝에 가장 친숙하고 알기 쉬운 자신들의 몸에 빗대어 상징적으로 표현했을 것이다(Neumann, 1994). 우리는 고대 인류의 상징적인 표현을 있는 그대로 보지 말고, 어떤 감정을 전달하려고 했을까에 초점을 맞추고 이미지를 이해할 필요가 있다.

이제 우로보로스는 완벽한 자기충족적인 모습이 아니다. 아기가 자란 만큼 우로보로스 모습도 변한다. 우로보로스의 남근이나 가슴처럼 무언가 튀어나온 것은 아기의 존재를 말한다. 아기의 자아가 태어났지만, 아직까지 어머니에게 대부분을 의존해야 하는 아기의 처지, 또 여전히 힘이 센 우로보로스 어머니의 영향 안에 속해 있는 모습을 튀어나온 것으로 표현한 것이라고 노이만(1994)은 보았다. 우로보로스는 자녀를 하나의 인격으로 받아들이지 않고 자기 몸의 남근이나 가슴처럼 일부로 여긴다.

고대부터 현대사회 이전까지 다산은 행복과 부유를 상징했다. 자녀가 많다는 것은 가용할 수 있는 노동력이 많다는 뜻이고, 그만큼 부유해질 수 있다는 뜻이다. 고대 인류에게 젖가슴 수만큼 자녀를 많이 낳을 수 있다는 것은 신만이 할 수 있는 엄청난 일이었다.

〈사진 2-2〉 아르테미스
(출처: 위키백과)

〈사진 2-3〉 빌렌도르프의 비너스 상[6]
(출처 : 브런치스토리)

〈사진 2-4〉 실라나히그Sheela-na-gig
(출처: 영국, Herefordshire에 위치한 Kilpeck교회)

---

6 1908년 오스트리아 니더외스터라이히주 빌렌도르프 근교의 구석기 시대 지층에서 고고학자
요제프 촘바티가 발견한 11.1 cm 키의 여자 조각상이다. 그 지역에서 나지 않는 어란상 석회암으로
만들어졌으며 석간주로 칠해졌다.

고대 켈트족의 여신을 찬미한 조각 '실라나히그'는 아일랜드와 브리트 섬의 신전이나 성 곳곳에 발견되었다. 거대한 생식기가 특징인 실라나히그는 경이롭고 신비한 탄생의 순간을 표현한 것이다. 기독교 문명은 음란하고 사악하다는 이유를 들면서 실라나히그를 지우고 파괴하면서 모성성을 폄훼하였다.

고대 여신들의 사진처럼 젖가슴이 여러 개 달린 어머니, 아기를 많이 낳을 수 있는 두둑한 배와 가슴을 가진 어머니는 곧 신을 뜻한다. 젖이 풍만한 소나 젖꼭지가 많은 돼지를 신성시하는 문화 역시 같은 맥락이다. 이때 어머니의 젖가슴은 임신시키는 남근과 같은 의미다.

마오리 부족의 창조 신화
태초에 하늘과 땅은 서로 꼭 붙어 있었고, 세상은 온통 깜깜한 암흑천지였다. 숲의 신이 하늘과 땅을 들어 올리자, 하늘과 땅은 울부짖었고 비로소 밤과 낮이 생겼다.

구약성서 창세기
태초에 하나님이 천지를 창조하셨다. 땅은 혼란스럽고 공허하며 어둠이 깊었다. 하나님이 이르시되 빛이 있으라 하시니 빛이 생겨 빛과 어둠을 나누었다.

빛이 생겼다는 것은 '나'와 '내가 아닌 것'을 구분할 수 있는 '나'가 생겼다는 뜻이다. '나'가 생긴 것은 천지가 개벽할 만큼 엄청나고 위대한 일이며, 가장 중요한 심리적 사건이다.

또 밤과 낮, 하늘과 땅이 나뉘었다는 것은 자녀가 부모에게서 독립한 한 사람으로 분리되기 시작했다는 뜻이다. 자녀는 이제 모든 것을 완벽하게 다 해주는 우로보로스를 벗어나 처절하고도 힘든 독립과 분화의 첫발을 내디뎠다. 태모에게도 자녀에게 자아가 생겼다는 사실은 청천벽력 같은 일이다. 이제부터 자아(의식)가 생긴 자녀와 모성(무의식) 간에는 대립이 일어날 것이다(Neumann, 1994).

우리에게 이제 절대 낙원인 우로보로스와 파라다이스는 더 이상 없다. 우리 앞에는 혹독한 현실만 있을 뿐이다. 무자비하게 집어삼키는 우로보로스는 한 사람으로 살려는 우리를 가만히 내버려 두지 않을 것이다. 우리의 성장과 분화를 좌시하지 않을 것이다. 하지만 자기만의 인생을 살기 위해 에덴동산에서 제 발로 쫓겨나야만 한다. 그것이 전인격화를 향하는 우리의 운명이다.

처음 존재가 생겨난 완벽했던 그곳, 우로보로스는 나중에 인생 후반기 전인격화가 이루어질 때 만다라의 형태로 다시 등장할 것이다(Neumann, 1994). 공생기의 신적 체험이 처음 태어난 생명을 기뻐하는 환희와 황홀감이라면, 인생 후반기의 신적 체험은 현실이라는 땅에 발을 딛고 경험하는 황홀감이다.

자아와 모성의 대립처럼 임신과 출산, 먹는 것과 배설하는 것, 공급과 생산, 능동성과 수동성이라는 대극이 생기고 대립한 것 사이에는 갈등이 생기기 시작했다(Neumann, 1994). 이것은 어머니와 별개의 존재로서 한 사람의 인간, 즉 아기의 자아가 생기기 시작했다는 뜻이다. 아기의 "아니야", "안 해", "싫어"라는 말은 자신이 어머니와 다른 욕구와 감정을 가진 존재라는 뜻이다.

아기의 자아를 형성하는 과정은 처음에 아기의 감각으로부터 시작한다. 아기는 자기가 경험한 것을 기분 좋은 경험과 불쾌한 경험 둘로 나눈다. 또 '내 것'과 '내 것이 아닌 것' 둘로 나눈다. 이렇게 감각을 구분하고 경험하는 것은 자아를 구축하는 데 매우 중요하다. 아직 힘이 약하고 제대로 된 인지 능력을 갖추지 못한 아기는 좋고 편안한 것은 자기 것, 불쾌하고 불편한 것은 세상 또는 상대방 것이라고 돌린다. 자신은 좋은 사람이고 세상은 악으로 가득 차 있는 위험한 곳이라고 여기면서 양가감정이 만들어진다.

자아가 생겼다는 것은 더 낮은 세계, 더 위험하고 불쾌한 세상으로 간다는 뜻이다(Neumann, 1994). 이제 막 생긴 자아는 아직 힘이 약하고 왜소하여 스스로 세상을 살아갈 힘이 없다. 그래서 아기는 두렵다. 세상의 이치나 원리를 알 리 만무한 아기는 세상이 온통 악으로 차 있어 자신을 해코지하는 것 같다. 아직도 아기는 전적으로 자신을 돌봐주고 보호해 줘야 하는 어머니가 필요하다.

우로보로스가 아닌 어머니를 아기는 나쁜 엄마라고 인식한다. 빨리 젖도 주지 않고, 젖이 많으면서도 주지 않아 아기를 배고프게 만든다. 아기가 찾으면 어머니는 옆에 없고, 아기가 해 달라고 조르면 안 된다고 거절한다. 어머니 말을 듣지 않으면 어머니는 아기에게 화를 내기도 한다. 어머니의 거절과 냉담함, 밀쳐내는 것 때문에 어머니 없이는 살 수 없는 아기는 죽을 것 같이 힘들다. 아기는 서럽고 두려워, 죽을 듯이 악을 쓰고 울며 어머니에게 매달린다.

질병이나 죽음, 홍수와 가뭄, 지진 같은 자연 현상을 제대로 이해할 수 없고 대처할 수 없었던 고대 인류 역시 아기처럼 세상이 두렵고 위험하다고 여겼을 것이다. 고대 인류나 아기는 자신의 두려움을 온통 외부에 투사하면서, 외부 물체가 살아있다고 착각한다. 고대 인류처럼 이 시기 아기의 공포심은 너무나 당연한 감정이다(Neumann, 1994).

나약하고 약해 빠진 아기의 자아는 막강한 모성에 의존할 수밖에 없다. 모성의 힘은 아직 막강하다. 모성이 아기의 자아를 잡아먹으려 할 때 아기는 자아가 약한 나머지 모성에게 저항하지 못하고 속수무책으로 휘둘린다. 신화에서는 이런 모습을 모성 신에게 아들을 제물로 바치는 것으로 묘사했다. 모성 신을 위해 아들이 제물이 되는 의식은 고대 사회에서 흔한 일이었다. 위대한 우로보로스 모성은 아기에게 안전함과 보살핌을 주지만 대신 아기를 죽이고 또 태어나게 한다(Neumann, 1994).

이때 죽고 다시 태어난다는 표현은 하루가 다르게 쑥쑥 자라는 아기의 자아를 묘사한 것이다. 유치하고 미숙한 아기의 인격은 죽고, 아기는 좀 더 여물게 자란 자아로 새롭게 태어난다. 낡고 미숙한 인격이 죽어야 새롭게 성장한 인격이 태어날 수 있다.

　아기의 자아가 어설프게나마 만들어지려면 대략 2~4년이 소요된다. 의식의 주인공인 '자아Ich Komplex'를 자의식이라고 부르는데, 의식이 만들어졌어도 의식의 주인공이 자아가 아닌 경우가 많다. 자의식이란 의식의 주인이 자아라는 뜻으로, 인간만이 가지고 있는 매우 특별한 부분이다.

　그러면 '나' 콤플렉스가 생겨났다는 것은 어떻게 알 수 있는가? 그것은 '나는 어디서 나왔는가? 아기는 어디서 태어나는가?'라는 아기의 질문에서 볼 수 있다. 이런 질문은 자신이 어디서 왔는지, 근원이 어디인지를 궁금해하는 철학적인 질문이다(Neumann, 1994). 지적인 호기심을 해결하고 사실을 알려는 질문이 아니라서, 부모가 과학적 사실을 아무리 가르쳐줘 봤자 소용없다. 아이의 질문은 자아 원형이 작동한 결과로, 원형의 이미지를 언어로 표현한 것이다.

　모든 콤플렉스는 자아와 연결되고 경험되어야 한다. 어떤 콤플렉스도 자아보다 강하면 곤란하다. 그것이 신의 원형이라 할지라도 마찬가지다. 그래서 융은 자아가 정립되기 이전에 아이를 교육하는 것을 경계했다. 자아가 구축되기 전에 다른 콤플렉스가 아이의 인격을 대표하면 아이의 자아가 더 이상 자라지 못하고 제자리에 멈춰 있거나 퇴행하기 쉽다. 왜냐하면 자아를 거치지 않은 경험은 자아에 통합될 수 없기 때문이다. 자아에 통합되지 않은 경험들은 아무 의미를 지니지 못한 채 그저 흩어져 버리고 만다. 삶의 경험을 자기만의 의미로 자신에게 통합해야 자아가 튼실해진다.

자아는 '어떤 감각인가? 어떤 느낌인가? 무엇을 원하는가' 이 세 가지를 자기 것으로 자각하고 통합하면서 더 단단해진다. 좋은 어머니란 이 세 가지를 늘 묻는 어머니다. 어릴 적 이렇게 만들어진 자아를 더 튼튼하게 만들려면 자신에게 '무슨 의도로 하는가? 누가 하는가? 무엇을 하고 있는가?'를 늘 질문해야 한다. 이렇게 자신에게 집중하고 자각하는 것은 튼튼하고 유능한 자아를 키우는 좋은 방법이다. 아무 생각 없이 하는 일과 행동은 시간과 에너지만 소모할 뿐, 자신에게 아무런 도움이 되지 않는다.

자아를 강화하기 위한 또 다른 방법은 무의식의 이미지를 언어로 바꿔 표현하는 것이다. 융은 막연하게 떠오르는 이미지나 망상을 언어로 표현하는 것은 자아를 정립하는 데 매우 도움이 된다고 강조했다. 이미지를 언어로 표현하지 못하면, 상상한 내용을 바로 행동으로 실천한다. 친구에게 화가 나 씩씩거리는 아이가 친구에게 "화났다"라고 자기 마음을 이야기하면, 아이의 분노는 수그러지고 친구는 아이를 이해할 수 있다. 그러나 마음에 떠 오르는 이미지를 언어로 바꾸는 것이 익숙지 않으면, 아이는 말 대신 곧바로 친구를 때리는 행동으로 직행한다.

부모는 위에 제시한 두 가지 방법을 더해 다음과 같이 자녀를 도울 수 있다. 아이의 상상을 이야기할 수 있게끔 편안한 분위기를 만든다. 그것이 설사 부정적인 내용이라 하더라도 부모는 원형의 작동이라고 이해할 수 있다. 아이가 표현하면 부모는 아이 자기 것으로 바꿔 말하도록 돕는다. "누가 그러는가? 무엇이 그런가? 어떤 의도인가?"라고 자아가 하는 꼴로 바꾸는 것이다.

이미지를 언어로 바꾸는 것을 넘어 원형의 이미지를 생생하게 살리고 확대하는 적극적인 방법이 있다. 그 방법의 하나가 바로 이야기를 들려주는 것이다. 이것은 자아 정립뿐만 아니라 상상력을 자극하고 창의성을 키우는 데 매우 도움이 된다. 두 번째 방법은 놀이다. 놀이는 본능과 원형을 구체화하고 형상화하며 발산하는 기회의 장이기 때문이다. 어린 시절의 모래놀이치료같은 경험은 다가오는 청소년기에 불안 때문에 흔들리는 것을 상당히 예방하는 효과가 있다.

6

소년기 자아와 모성 원형

여신과 아들, 여신과 연인

겨우 우로보로스의 젖가슴이거나 남근이었던 아기는 이제 어엿한 소년으로 자랐다. 자녀가 자라게 되면, 모성의 모습도 따라 변하는데, 모성은 더 이상 우로보로스가 아니다. 모성은 이제 태모great mother 의 모습을 하고 있다(Neumann, 1994).

아들은 자신이 모성과 다른 존재라는 것을 천명해야 하지만 아들의 사정은 여의치가 않다. 아들은 여전히 어머니가 필요하고, 모성의 힘은 여전히 막강하기 때문이다. 신화에서는 모성의 장악력 아래 있는 아들의 모습을 성모 마리아와 아기 예수, 아프로디테와 에로스같이 모성 신과 신성한 아기로 표현하고 있다. 이때 아들은 여신의 아들인 동시에 연인이다.

자녀에게 '너는 엄마의 것', '자녀는 남편이자 애인이자 친구다'라고 말하는 어머니는 주위에 흔하게 널렸다.

어머니는 자기 남편보다 아들이 더 멋있다고 여긴다. 아들이라는 자기 작품에 '잘 낳았다'며 아주 흐뭇하게 바라본다. 이 장면은 아들이 어머니의 연인이라는 사실을 알 수 있는 대목이다. 어머니에게 아들이 남편보다 더 나을 수밖에 없는 이유가 있다. 어머니는 자신이 그리는 남성상을 아들에게 고스란히 투사한다. 멋지고 훌륭한 인품과 특성들을 아들에게 투사한다. 자신은 여성이라 포기해야만 했던 꿈과 이상을 아들이 대신 이뤄 주길 바란다. 이렇게 어머니의 바람과 희망은 매우 구체적이면서도 촘촘하게 아들에게 투사된다. 아들 또한 어머니의 투사를 마다하지 않고 자신의 것으로 받아들인다. 이런 식으로 어머니 작품이 된 아들은 어머니의 멋진 남성이 되고 연인이 되면서, 어머니는 시어머니의 작품인 남편보다 자기 아들이 훨씬 근사하다고 착각한다.

모든 여성의 무의식 속에는 아프로디테가 살아있다. 아프로디테는 바다에서 태어난 '사랑'의 여신으로 신과 인간의 마음을 유혹하고 사로잡을 수 있는 대단한 힘을 가지고 있다. 아프로디테의 허리띠에는 뭇 남자들을 유혹하여 모두 자기 남자로 만들 수 있는 굉장한 마력이 있다. 욕망과 허영 덩어리인 아프로디테는 세상의 탄복과 찬미를 오로지 자기만 누려야 한다고 여긴다. 우리 여성들도 그렇다.

원시적인 여성성이자 모성인 아프로디테가 작동하면 어떻게 되는가.

모성은 때론 윽박지르며 협박하거나 때론 암묵적으로 조종하면서, 자기 마음대로 가족을 손아귀에 넣고 주무른다. 모성은 허영과 질투가 가득하다. '자녀를 위해서'라는 명분을 앞세우지만, 실은 자신의 허영 때문에 분수 넘치는 욕심을 부린다. 모성은 자녀에게 마냥 희생적이지 않다. 모성에게는 자녀 역시 질투의 대상이다. 자녀가 잘되는 것을 원치 않는 모성도 흔하다. 편 가르기를 좋아하는 모성은 가족을 죄다 자기편으로 만들어야 직성이 풀린다. 이렇게 우로보로스에게 잡아 먹힌 자녀는 어머니와 똑같이 우로보로스가 된다.

자녀를 마음대로 조종하고 간섭하는 태모는 자녀의 생사를 쥐락펴락하는 죽음의 여신이다. 위대한 모성 신은 잔인하기 짝이 없다. 그리스 신화의 아테나와 아르테미스, 북유럽 켈트 신화의 모리안과 마하같이 피를 흘리는 전쟁과 복수의 신은 모두 여신이다.

아프로디테는 자기 뜻대로 되지 않으면 무자비하게 보복한다. 에로스가 사랑한 며느리 프시케를 죽음으로 몰고 가면서 아들의 결혼 생활을 파탄 낸다.

생명을 주는 동시에 생명을 거두어 가는 잔인한 모성의 모습은 모성 신을 위한 제의祭儀에서 잘 볼 수 있다. 모성 신의 제의에는 남근숭배나 남근을 거세하는 성적망아性的忘我적 내용이 흔하다. 대표적인 신화가 바로 디오니소스의 제의다.

디오니소스 제의

디오니소스를 추종하는 신도들은 주로 여인들이었는데, 그 시대 여성들은 노예와 같은 대접을 받았다. 여인들은 삶의 고단함을 잊게 해주는 디오니소스를 신으로 떠받들었다. 여신도들은 마이나데스 Mainades [7] 라고 불리었는데 '미친 여자들'이란 뜻이다. 밤의 제의에서 술에 취한 여인들은 횃불과 디오니소스의 지팡이를 미친 듯이 흔들며 북을 친다. 여인들은 한을 토해내듯 발악하며 광란의 춤을 추는데, 마치 미쳐서 날뛰는 것처럼 보였다. 축제의 막바지에 이르면 황홀경(엑스터시)에 빠진 사람들은 바닥에 쓰러져 젖과 꿀이 흐르는 대지를 본다. 또 남자(또는 산짐승)를 닥치는 대로 갈기갈기 찢어 죽이고, 산짐승을 미친 듯이 잡아먹는다.

테베의 왕 펜테우스는 디오니소스를 신으로 인정하지 않았다. 하지만 펜테우스의 어머니는 디오니소스에 대한 신앙이 광적이었다. 디오니소스는 펜테우스를 어머니 눈에 사자(혹은 멧돼지)로 보이게 하는 저주를 내렸다. 어머니는 펜테우스의 팔과 머리를 잡아 뽑은 후 아들의 몸을 갈기갈기 찢었다. 어머니는 살려달라고 외치는 아들의 비명을 전혀 들을 수 없었다. 모성은 아들을 갈가리 찢고 조각낸 후 피가 흐르는 아들의 머리를 승리의 표시로 자기 머리에 쓴다.

아들을 잡아먹는 우로보로스는 이제 아들을 제물로 바치는 꼴로 바

---

7   '광기'를 뜻하는 영어 'madness'의 어원이다.

꿨다. 한겨울 밤에 열리는 디오니소스 축제는 무의식을 의미한다. 이성과 대비되는 광기, 밝음과 대비되는 어둠, 양의 기운이 가득한 한여름과 대비되는 한겨울, 이성이나 제도와 대비되는 성적 욕망과 동물적 충동으로 가득한 제의, 이것들은 모두 무의식과 모성을 뜻한다.

고대 인류는 남녀의 성관계를 신성시했다. 그 이유 중 하나는 육체적 쾌락을 넘어선 황홀경 때문인데, 고대 인류에게 황홀경은 신을 만난 것과 같은 체험이었다. 성을 숭배하는 가장 중요한 이유는 새로운 생명을 탄생시키는 수단이기 때문이다. 그래서 인류는 오래전부터 성행위의 신비한 힘을 신성시했다. 이렇게 성이라는 원형에는 영적·종교적·정신적 요소가 내포되어 있다.

이런 맥락에서 보면 풍요를 위한 봄의 축제나 남근숭배 의식, 남근과 관련된 성적망아 축제는 전혀 이상한 일이 아니다. 소년을 제물로 삼아 소년의 왕성한 성욕과 남근을 태모에게 바치는 제의는 여러 문화권에서 볼 수 있다.

중국에서는 가뭄과 홍수 같은 재해를 막고 풍요를 빌기 위해서 제물을 바쳤다. 이렇게 제물은 사회적 결핍을 메우기 위해, 혹은 새로운 사회의 요구를 들어주기 위해 바쳐진다. 우리나라는 최고의 여신 바리데기[8]나 심청이처럼 여성이 제물이 되었다.

디오니소스 축제에서는 방울과 목걸이를 흔들고, 광란의 춤과 노래를 부르며, 북을 친다. 이런 행동들은 모두 우주의 충만한 에너지를 표현한 것으로, 영혼을 위로하는 행위이자 영혼을 부르는 의식이다. 대지의 풍요를 위해 발기발기 찢긴 제물이 대지에 뿌려지면, 피가 흥건하게 대지를 적신다. 아들의 머리를 자기 머리에 쓰고 벌거벗은 채 광란의 춤을 추는 여신의 곁에는 피가 낭자하다. 월경, 임신과 출산이 피와 밀접한 관련이 있다는 것을 알게 된 고대 인류는, 다산과 풍요로운 대지를 위해서는 피가 필요하다고 여겼다. 갈가리 찢긴 제물은 매우 소중한 씨앗이 되어 대지에 뿌려지고, 다시 대지를 풍요롭게 만든다.

어머니 대지는 풀과 나무의 싹을 틔우고 꽃을 피우며 열매를 맺게 하면서 아들인 풀과 나무를 키운다. 하지만 열매를 맺어 씨앗이 영그는 순간 즉 아들이 다 자라는 순간, 어머니는 아들을 베어 죽인다. 어머니는 아들이 중요한 것이 아니라 아들의 씨앗(남근)이 중요할 뿐이다. 아들은 씨앗이 되어 대지에 뿌려지고 대지를 수태시켜 다시 대지를 풀과 나무로 풍요롭게 만든다(Neumann, 1994).

8　민담 「바리데기」
바리데기는 우리나라 무당 중 최고의 신으로, 무속세계에서는 조상신으로 모셔지는 신이다. 불라국 오구대왕의 일곱 번째 딸로 태어난 바리데기는 아들이 아니라는 이유로 아버지에게 버림을 받는다. 강물에 버려진 바리데기를 노부부가 구해 키우고, 나중에 바리데기는 자신의 친부모를 찾게 된다. 병이 든 아버지의 불사약을 찾아 길을 떠난 바리데기는 저승 가는 길을 알기 위해 어려운 과제를 해내고 그 보상으로 꽃과 방울을 받는다. 저승에서 상으로 받은 꽃으로 지옥에 갇힌 영혼들을 구해낸 바리데기는, 아버지의 약을 구하기 위해 무장승(동수자)의 무리한 요구(9년의 노동과 결혼, 출산)를 모두 들어준 뒤 가까스로 비방을 알아내지만 아버지는 이미 죽은 뒤였다. 그러나 바리데기가 구해온 비방으로 아버지는 되살아난다.

태모가 원하는 것은 단 한 가지, 소년의 성적인 부분이다. 태모는 오로지 임신을 위해 수태시킬 수 있는 남근의 능력만 필요할 뿐이다. 결국 소년은 태모를 위해 사용되고 희생된다. 모성은 한 인격체로서 소년을 사랑하는 것이 아니다. 오로지 소년의 남근만 필요하고 남근만 사랑한다. 소년은 태모가 필요할 때만 존재감이 있을 뿐, 그저 수많은 아들 중 하나로 이용 가치가 떨어지면 바로 잊히는 허망한 존재다(Neumann, 1994).

아들을 잡아먹는 모성, 남근을 바치는 아들(거세 콤플렉스)은 치료 장면에서 나오는 흔한 주제다. "초인적인 어머니가 피투성이가 되었다. 그 옆에는 아들(환자 자신)의 남근이 잘린 채 놓여 있다."라고 융의 환자는 자기 망상을 보고하였다.

이때 태모는 매춘부이자 동시에 동정녀다. 아프로디테의 사제들은 모두 매춘부였다. 이때 매춘부와 동정녀는 성적인 순결 여부와는 아무 상관 없는 개념이다. 태모의 목적은 오로지 임신과 출산을 하는 것이다. 이것을 위해서 태모는 어떤 남자와도 성관계를 맺을 수 있다(Neumann, 1994). 숱한 남자와 신체적 관계를 맺었다면 매춘부일 것이고, 그 어떤 남자와도 인격적인 사랑을 맺지 않았다면 영원한 처녀다. 노이만(1994)은 매춘부이자 동정녀라는 의미는 남성과 상관없이, 남성에 의존하지 않고 임신하고 출산할 수 있음을 상징한다고 했다.

태모에게 사랑, 죽음, 거세는 모두 같은 의미다. 거세, 죽음, 갈가리 찢는 것, 나무를 벌목하는 것, 식물을 베는 것 또한 모두 같은 의미다. 어머니는 아들을 낳고 기르는 존재이자 동시에 아들을 망아^{忘我} 상태로 만들고 죽이는 어머니다(Neumann, 1994).

좁은 의미로 거세는 현실에서 아들이 겪는 공포를 의미한다. 아들은 모성 신에게 버려지는 것을 엄청나게 끔찍한 상실로 느끼는데, 그것을 거세당한 것으로 표현한 것이다(Jung, 1981).

넓은 의미로 거세는 죽음을 의미하는데 낡은 인격을 무너뜨리고 해체한다는 뜻이다. 죽음은 자아의 해체를 이끌고 다시 새로운 인격으로 도달하도록 만든다(Neumann, 1994). 새로운 의식이 태어나고 성장하려면 지금껏 가져온 의식은 철저히 파괴될 필요가 있다. 한쪽으로만 발달한 의식은 전면 해체되어야 한다.

이런 변형은 자녀에게만 요구되는 일이 아니다. 어머니도 자녀가 성장함에 따라 낡은 인격이 죽어야 한다. 성장한 아이에 어울리는 어머니로 변형되어야 한다(Estés, 1994).

이런 변환 또한 위대한 모성이 하는 일이다(Neumann, 1994). 위대한 모성은 무의식을 여는 황금 열쇠를 가지고 있기 때문이다. 하지만 모든 사람이 그렇게 할 수 있는 것은 아니다. 오로지 창조적인 사람만이 그렇게 할 수 있다(Birkhäuser-Oeri, 2003).

엄청난 창조성을 가진 사람들 가운데 불행한 삶을 사는 경우가 많다.

인류에게 큰 감동을 준 작품을 만든 예술가 중에는 괴기하거나 정신질환자거나 사생활이 충격적일 만큼 문란한 경우가 종종 있다. 피카소가 그랬고 로댕이 그랬다. 그 이유는 균형 감각이 매우 정교한 신의 저울이 위대한 창의력으로 하여금 짙은 어둠으로 균형을 맞추게 하기 때문이다. 모성 원형 또한 그렇게 균형을 맞추고 있다.

미숙한 아들의 인격: 자기애

아들, 소년은 아직 힘이 없다. 영웅이라고 하기엔 어림 없다. 튼튼한 자아로, 인격을 갖춘 한 사람이 되려면 아직 시간이 더 필요하고 더 자라야 한다. 소년은 자기애가 충만한 채 귀엽고 예쁘기만 한 아이다.

봄의 소년은 곧잘 나르시스나 아네모네 같은 여리여리한 꽃으로 표현된다. 나르시스는 자신의 아름다움에 도취 되어 물에 빠져 죽었다. 이것은 지극히 자기중심적이고 자기애가 충만한 소년의 모습을 표현한 것이다. 자기애에 푹 빠져 있는 그저 예쁘기만 한 꽃은 태모를 이기기엔 턱없이 약하다(Neumann, 1994).

읽어보기 ————————

자기애적 성격

자기애적 성향은 누구나 가졌다. 그러나 그 성향이 자기애적 성격으로 굳어진 경우는 문제가 심각하다. 자기애적 성격을 가진 사람들은 매우 이기적이어서 진정으로 다른 사람을 이해하거나 공감하기 어렵다. 그 결과 관계를 파괴적으로 몰고 간다. 처음에는 이들의 이기적인 모습을 쉽게 알 수 없다. 이들은 얻고자 하는 것이 있으면 상대방의 호감을 얻기 위해 친절하게 굴기 때문이다. 그러다 원하는 것을 얻는 순간 상황은 달라진다. 상대방에게 차갑고 딱딱하게 대하면서 본색을 드러낸다.

자기애적 성격의 사람들은 강한 질투와 경쟁심을 가졌다. 질투에 눈이 멀면 상대방을 무자비하게 공격하는데, 상대의 어디를 찔러야 단번에 고꾸라뜨릴 수 있는지 잘 알고 있다.

그들은 남들에게 자신이 그럴싸하게 보일 수 있도록 자기 포장을 잘한다. 자신이 무엇을 가졌고 누리고 살며 자신이 얼마나 대단한지 허풍을 섞어 과시한다. 이들의 이상과 꿈 역시 거품일 수 있다. 꿈과 이상을 위해 정작 어떤 노력이나 투자도 하지 않고 말만 하기 때문이다. 이들은 거짓자기 그 자체다.

자기애적 성격의 부부관계나 가족관계는 정서적으로 메말라 있고 파괴적이다. 밖에서 이들은 호인 그 자체지만, 집에 돌아오는 순간 딴 사람으로 돌변한다. 막무가내로 떼만 쓰는 철없는 아이고 난폭한 독재자다. 자기 마음대로 되지 않으면 격노하면서 집안을 쑥대밭으로 만든다. 가족들 사정이야 어떻든, 자기가 원하는 대로 하지 않으면 가족들을 달달 볶아댄다.

자기애적 성격은 성공을 위해 폭주하는 기관차다. 뭐든 잘해야 하고 빛나는 것을 가져야 한다. 이들 중에는 자격증을 많이 딴다거나, 학벌이 좋다거나, 돈을 많이 번 사람들이 꽤 있다. 세상에 보일 훈장을 따는 데만 급급한 나머지 번 아웃이 오기 쉽다. 밖에 있는 화려한 것을 향해 달릴수록 내면은 공허하고 외로워진다. 내면이 공허하면 자기가 취약해진다. 자기 뜻대로 되지 않으면 사소한 일에 격노하며 폭발한다. 주위 사람들은 두려워 아연실색하지만, 이들은 두려운 사람이 아니라 격노로 자기가 와르르 붕괴되는 불쌍한 사람들이다.

부부관계에서 친밀함이나 달달한 로맨스가 사라진 지 오래다. 이들의 부부관계는 푸석푸석하고 거친 모래 같다. 참자기는 부부관계를 사랑으로 풍성하게 만들지만, 거짓자기로 사는 이들은 로맨스가 사라져 성관계를 잃어버리고, 마치 남매처럼 산다. 이런 생기 없고 건조한 관계는 중년기 이후 성호르몬 변화와는 전혀 상관없다. 이들이 자기애에서 벗어나려면 참자기를 찾아야 한다. 그리고 상대방을 매우 의존하고 있으며 상대방이 필요하다는 인정과 고백을 할 수 있어야 한다.

자기애에 빠져 있는 이유는, 어머니가 자녀의 모든 욕구를 채워줄 수 있다는 환상을 가지기 때문이다. 즉 완벽한 어머니이길 소망하는 어머니는 우로보로스, 태모가 되어 자녀를 조그마한 좌절도 이길 수 없는 영원한 나르시시즘 아이로 만든다.

어머니가 귀여워하는 소년은 그저 어머니 말만 잘 들으면 된다고 여긴다. 어머니가 하라고 하는 대로 하고, 어머니 생각과 감정대로 생각하고 느끼면 된다. 자기가 원하는 것은 어머니에게 얻어내면 되기 때문에 어머니의 사랑은 무척 중요하다. 어머니는 의존적이고 철딱서니 없는 장난꾸러기 아들을 자기 것이라고 여기며 자기 마음대로 한다.

디오니소스 제의는 아들을 잡아먹는 정신 나간 잔혹한 어머니를 말하는 것이 아니다. 술에 취해 죽음이 판을 치는 제의는 새로운 생명을 창조하기 위해 낡은 것을 파괴하고 해체하는 창조성을 의미한다. 어머니와 아들의 미숙하고 원시적인 인격과 관계 방식은 이제 끝나야 하고, 더 나은 단계로 나아가야 한다. 피의 색깔과 비슷한 디오니소스의 포도주는 원래 파괴력과 창조력이라는 이중적인 상징을 담고 있다. 디오니소스의 포도주는 나중에 기독교에서 예수의 피와 부활로 이어진다.

이렇게 위대한 어머니와 아들을 잡아먹는 공포의 어머니는 한 쌍이다. 자상하고 사랑이 많은 어머니라고 여기는 자녀는 전자의 모성 원형이 활성화된 것이고, 혹독하고 냉정한 어머니라고 여기는 자녀는 후자의 모성 원형이 활성화된 것이다.

모성 신에서 괴물로 작아진 모성 원형

아기가 자라면서 우로보로스의 모습과 특성도 함께 달라진다. 아기의 자아가 자라고 단단해지면서, 우로보로스로 시작한 모성은 상대적으로 힘을 잃고 점점 작아진다. 자녀가 결국 전인격화 단계에 이르면 모성 또한 최고의 선善과 지혜의 신으로 등극한다. 지혜의 신 모성은 신체적 물질적인 다산을 상징하는 것이 아니라 영혼을 변화시키는 여신이 된다 (Neumann, 1994).

아들이 자라면서 완벽한 신이었던 모성의 모습은 점점 작아지고 힘을 잃으면서 동물이나 괴물의 모습으로 변한다. 그만큼 아들의 '자아'가 강해지고 힘을 가졌다는 뜻이다. 대표적인 것으로 이집트 신화 '죽은 자에 대한 오시리스 심판' 중에서 괴물 '암무트[Ammut'를 들 수 있다. 암무트는 고대 이집트의 여신으로 '죽음을 먹는 자'를 뜻한다. 암무트는 악어의 머리, 사자의 갈기, 하마의 이빨과 몸통, 사자나 표범의 꼬리를 지닌, 고대 이집트인에게 가장 무서운 맹수였다. 무서운 암무트에 대한 공포를 강조하기 위해 이집트 나일강 일대에서 가장 무시무시한 동물들을 조합해 놓은 것이 암무트다.

어머니가 울기 시작하면 어머니의 울음은 갑자기 격노로 변하고, 격노하는 어머니는 세상에서 가장 무서운 괴물이 된다. 고대 인류는 생사여탈권을 쥐고 있는 어머니가 암무트처럼 무서운 모습이라고 말하고 있다.

아이들의 모래놀이치료에서 악어나 하마는 자주 등장하는 단골 손님이다. 아이들은 아가리를 크게 벌리고 있는 동물들을 유난히 좋아하는데, 아가리에 작은 갓난 아기를 집어넣는 경우도 종종 있다. 이것은 악어나 하마를 닮은 무서운 모성과 모성에게 잡아 먹힐 것 같은 아이의 두려움을 상징적으로 표현한 것이다.

아들이 소년이 되자 모성의 위대한 모습은 온데간데없고 그저 무서운 모습을 한, 심판의 저울 옆에 쭈그려 있는 무서운 괴물이 되었다(Neumann, 1994).

괴물로 축소된 모성은 뱀으로도 표현되었다. 뱀은 모성신을 나타내는 대표적인 상징물이다. 가부장제가 확립된 구약성서에서 뱀은 저주와 사악함을 상징하지만, 그 이전 모계 사회에서 뱀은 허물을 벗고 젊음과 새로운 생명을 얻는 신비스러운 동물이었다. 또한 땅에 가장 가까이 붙어 다니는 동물인 뱀은 대지의 여신과 짝이 되어, 탄생의 주관자이자 죽음의 주관자인 모성 신이었다.

뱀을 모성신, 대지의 여신으로 숭배한 것은 여러 신화에서 발견할 수 있다. 의학의 신 헤르메스 지팡이에는 뱀이 있다. 석가모니가 지혜를 얻고 부처가 될 때 축복해 준 것도 역시 대지의 신 뱀이었다. 버려진 바리데기를 구한 노부부가 바리데기가 담긴 상자를 열어보니, 거미와 불개미가 기어다니고 뱀 한 마리가 바리데기의 배를 감고 있었다. 그리스 신화에서도 아테나와 헤라의 곁에는 뱀이 함께 있었다.

페르시아에서 뱀은 달과 함께 조각되는 경우가 많았다. 그믐에 기울었다 다시 보름달로 차오르는 끊임없는 달의 주기는 무한한 생명력을 상징한다. 또 달의 주기는 생명을 창조하는 여성의 자궁과 관련이 있는데, 보름과 그믐은 여성의 월경과 배란 주기와 일치한다. 이렇게 뱀과 달은 모성 신을 상징한다.

최근 연구에서는 달의 주기와 여성의 생리 주기가 맞지 않으면 여성의 건강에 문제가 있을 수 있다는 보고가 있다. 또 다른 연구에서는 이런 자연의 주기를 따르지 않고 인위적으로 경구피임약을 먹는 여성의 경우, 여성성의 가장 큰 선물인 직관력이 흐려진다고 한다(Northrub, 1988).

메소포타미아 지역의 기원전 4000년경의 문화를 우르 혹은 우르크 문화라고 한다. 여기서 뱀 머리의 모성 신과 뱀 머리를 한 아들의 형상이 발견되는데, 여신의 한 손에는 여성성을 상징하는 백합이, 다른 한 손에는 남성성을 상징하는 뱀을 쥐고 있다. 이때 뱀은 거세된 남성을 의미한다. 동시에 메두사[9]의 누미노스한(끔찍한) 뱀의 머리, 성교 후 수컷을 잡아먹는 거미는 모성을 뜻한다. 아들이 성장할수록 모성은 작아지고 힘이 약해져, 나중에는 님프, 요정으로 등장한다. 모성 신에게 제물로 바쳐진 아들은 숫돼지나 숫양으로 대체되었다(Neumann, 1994).

신화에서 위대하고도 잔인한 모성은 자기 마음대로 아들을 죽였다가 다시 살려낸다. 아니면 아들을 유혹하여 강제로 아들의 남근을 뺏는다. 혹은 아들을 미치게 만들어 아들 스스로 거세하고 남근을 모성에게 바치도록 한다. 모성은 자기 뜻대로 아들을 조종하고 유혹한다. 아들의 혼을 쏙 빼놓을 만큼 잡아당기는 힘이 엄청나다. 모성이 하려는 대로 아들은 끌려갈 수밖에 없다. 강력한 모성의 마법은 때론 아들을 저주하고 동물로 만든다. 아들은 자신이 죽게 되는 줄도 모르고 어머니의 치마폭 안에서 허우적댈 뿐이다. 이런 민담이나 신화는 고유한 인격을 가진, 독립된 한 사람이 되려는 아들과 그것을 저지하려는 고약한 모성을 묘사한 것이다.

---

9   용에서 뱀으로 축소된 모성 메두사의 머리는 로마 시대에 기둥을 받치는 돌로 사용된다. 가부장 사회가 모성의 힘을 약화시키려 한 조치다.

7

청소년기 자아와 영웅신화

청소년의 자살 충동과 미칠 것 같은 불안

어둠에서 빛이 나타나고, 무의식에서 자아가 탄생하고 의식이 생기는 데는 엄청난 고통이 수반된다. 우로보로스 모성에게도 새로운 인격이 태어나 분리되는 것은 참을 수 없는 고통이다. 그러나 이런 고통은 새로운 인격이 태어나는 것에 대하면 비할 바가 아니다(Neumann, 1994).

이제 자아의 관심은 오로지 의식에만 집중되어 있다. 자아가 의도적으로 무의식을 인식하지 않자, 무의식은 저 아래 수면 밑으로 가라앉아 잊히는 존재가 되었다. 충동과 본능이라는 무의식과 의식은 원래 하나였다. 태어날 때 몸과 마음은 하나였다. 이제 따로 분리된 몸과 마음은 자아가 점점 강해지면서 엄청난 주의를 기울여야 겨우 몸의 메시지를 알 수 있다(Neumann, 1994).

자녀에게 의식이 생기면서 낙원은 끝났다. 전체성을 이루는 온전한 세상은 이제 사라졌다. 끔찍하게 사랑하는 소중한 어머니를 잃은 것이다. 온전하고 완벽한 세상을 잃었다는 사실에 자아는 어마어마한 박탈감과 상실감을 경험한다. 위대한 대상에게서 잘려 나간 두려움을 거세로 표현한 것이다. 자아 스스로 무의식에서 떨어져 나오기로 작정했음에도 불구하고, 자아는 자기 잘못 같은 죄책감과 상실감에 압도당한다.

부모에게서 분리되었다는 것은 우로보로스에서 자유롭게 되었다는 의미이고, 한 사람으로서 '자아'가 생겼다는 뜻이다. 하지만 해방감이나 해냈다는 뿌듯함을 만끽하기는커녕 현실에서 부딪히는 어려움으로 인해, 자아는 두렵고 고통스럽기만 하다. 지금 겪고 있는 어려움은 모두 어머니를 배신했기 때문이다. 아들은 자신이 벌을 받는 게 당연하다고 생각한다(Neumann, 1994). 죄책감이 걷잡을 수 없이 커지면 파괴적인 행동이 늘어나고, 아들은 깊은 우울감에 빠지게 된다.

아들은 우로보로스 모성이 독립하려는 자신을 해코지하고 가만두지 않을 거라고 두려워하며 벌벌 떤다. 이런 고대의 신화적 모티브에 도덕적 요소가 더해지면서 이스라엘 문화권의 원죄 개념이 만들어졌다. 우로보로스 상태에서 벗어나는 것을 낙원에서 추방되는 죄라고 본 것이다(Neumann, 1994).

융에 따르면 무의식은 여성성, 모성에 해당하는 반면 의식은 남성성에 해당한다. 무의식은 낳고 생산하고 삼키고 흡수하는 존재로, 모성과 여성성이라는 원형의 속성과 같다. 우로보로스와 태모 역시 여성적 지배력을 나타낸다. 반대로 의식은 남성적이며, 의지, 결단, 적극성으로 나타난다. 부모로부터의 분리는 남성성의 힘으로 이루어지며, 이와 같은 맥락으로 자녀를 아들이라 칭한다. 모성으로부터 분리는 남성성이 강조되어야 해낼 수 있는 일이기 때문이다.

의식이 만들어진다는 것은 선과 악을 알고, 무의식적인 충동을 통제하며 사회가 요구하는 질서와 금기를 배우는 것을 의미한다. 어머니 품 안에서 하고 싶은 것을 해달라고 떼쓰는 철없는 아이에서, 사회가 요구하는 한 인격체가 되는 것이다. 나이가 들었어도 의식과 자아가 굳건하지 않으면, 어린아이처럼 배우자와 자녀들에게 자기 마음대로 한다. 효도라는 명분으로 자녀에게 횡포를 부리고 윽박지르는 어른답지 않은 어른, 아직 자라지 못하고 겉만 어른인 경우가 얼마나 많은가.

더 튼튼해지고 더 성장한 자아를 가진 청소년은 모성에게서 독립하려 한다. 자아의 독립은 만만한 과정이 아니다. 태모 역시 생살이 뜯겨 나가는 것처럼 고통스럽다. 그 고통과 괴로움이 얼마나 컸으면 아들을 끔찍하게 죽이고, 어머니에 의해 처참히 죽임당하는 아들로 표현했을까. 그러나 아무리 두렵고 무서워도 우리는 이 과정을 헤쳐 나가야 한다.

집어삼키는 우로보로스 모성에게서 어쨌든 벗어나려 소년은 사투를 번인다. 만약 우로보로스 모성에서 벗어나지 못하면 미쳐버릴 것 같고, 우로보로스 모성이 자신을 죽일 것 같아 두렵다. 우로보로스 모성을 벗어나기 위해 아들은 안간힘을 쓰며, 저항도 하고 반항도 해보지만, 아직도 막강한 모성의 힘에 결국 소년은 굴복당하고 만다(Neumann, 1994). 아들은 자신이 타락한 인간이라는 원죄의 굴레에서 헤어나기 어렵다. 이런 공포와 불안에서 벗어나기 위해 소년은 여러 가지 방법을 시도해 보지만 역부족이다.

모성에 굴복당한 소년은 모성에 맞서는 것을 포기하는 대신 두 가지 방법을 사용한다. 하나는 자신을 파괴하는 방법이고, 다른 하나는 황홀한 자기 모습에 빠져 어머니를 모르는 척 외면하는 것이다.

아들이 택한 첫 번째 방법은 스스로 자신을 훼손시키는 자기 거세와 자살이 있다. 모성이 원하는 것이 거세라는 것을 아는 소년은 스스로 제물이 되어 모성에게 자신을 바친다. 또는 자살이라는 방법으로 스스로 자기를 파괴하면서, 어머니로부터 벗어난다. (Neumann, 1994). 그래서 청소년들은 걸핏하면 죽고 싶다고 하고, 자기 거세에 관한 환상 때문에 괴로워한다.

자신의 인생에서 성취하고 이루어야 할 소중한 목표를 허무하게 놓아버리는 것, 악착같이 자신만의 삶을 살지 않는 것, 자기 꿈을 향해 달리지 않고 포기하며 어머니의 뜻대로 따르는 것이 모두 거세고 자살이다. 어머니 뜻에 순종하는 것은 착한 아이도 아니고, 효도도 아니다. 어머니 가습을 아프게 하면 안 된다는 강박관념과 어머니가 괴로워하는 것은 자신 때문이라는 죄책감에 굴복당한 것뿐이다. 그러나 죄책감을 느끼지 않으려 우로보로스 모성에 안주하는 것이 더 큰 죄악이다.

제정신인 청소년은 거의 없어 보인다. 도저히 납득이 안 되는 논리와 이유를 댄다. 멀쩡해 보이다가도 어느 순간에는 도통 이해하기가 어렵다. 걸핏하면 죽고 싶다거나 다 죽여버린다고 한다. 자신의 청소년기는 정신병의 소지가 다분히 있었다고 회고하는 어른들도 꽤 있다. 청소년은 그냥 불안 덩어리인 듯하다.

그 이유를 신화는 어머니에게 잡아 먹힐까봐 너무 두려워 미칠 것 같아서라고, 그래서 아들은 죽을 것 같은 불안과 공포, 죽고 싶은 심정에 사로잡혀 있다고 말한다. 아직 모성을 이길 만큼 힘이 강하지 못한 아들의 심정을 신화에서는 모성 때문에 미쳐버린 아들, 모성에 의해 갈가리 찢겨 죽는 아들, 모성의 마법에 의해 동물로 변한 아들로 표현했다(Neumann, 1994).

정신질환을 앓고 있는 환자들에게 어머니에 대해 묘사를 해보라고 하면 영락없이 원형적인 형상이 묘사된다. 아들의 어머니에 대한 이미지에는 무의식 속의 두려움, 마법 같은 영향력이 있다(Jung, 1981).

자기를 찢어 죽이고 동물로 바꿔버리는 어머니를 감당할 자녀가 과연 몇이나 될까. 부모로부터 분리할 때 공포와 불안을 경험하는 것은 너무도 당연한 일이라고, 이런 힘든 감정은 원형의 작동으로 인한 것이라고 신화는 말해준다. 독립할 시기가 되어 부모와 분리를 시도하면 모든 인간은 죽거나 미칠 것 같은 경험을 한다고, 너무도 당연한 감정이니 회피하지 말고 맞서 감당하라고 신화는 말한다.

하지만 어른이 되어서도 감정에 압도되는 것이 두렵고 자신이 나쁜 사람이 되는 것 같아 괴로운 나머지 부모와의 감정적 분리를 포기하는 경우가 허다하다. 반항이든 싸움이든 부모에게서 독립을 선언하고, 죽이 되든 밥이 되든 자신만의 삶을 살기로 작정한 것 자체가 대단하고 훌륭한 일이다. 그 사람이 바로 영웅이다.

모성에게서 벗어나기 위한 두 번째 방법은 나르시시즘에 빠지는 즉 자기 모습에 열중하는 것이다. 모성을 멀리하기 위해 자기의 외모에 빠져 있거나 자기를 유난히 강조하며 어머니로부터 도망하려 한다(Neumann, 1994).

청소년기는 바야흐로 자기중심성egocentrism 의 시기다. 자기중심성은 인지 기능이 한 단계 업그레이드 되는 시기에 잘 일어나는데, 뇌가 급격하게 변하는 바람에 일어나는 현상이다. 이때는 뇌에 공사가 한창 진행 중이라 감정이 혼란스럽고 인지 에러가 빈번하게 생긴다. 그래서 자기만은 위험한 일에서 예외일 것이라는 '개인 우화'나 모든 사람이 자신을 주시하고 있다는 '상상 속의 군중' 같은 인지 오류가 일어난다. 이런 자기중심적 태도는 자기 성찰과 자기반성을 촉진하는 역할도 한다. 자기만을 생각하고 자기 삶에 골몰하는 것은 우로보로스 모성에서 벗어나는 효과적인 방법이라고 노이만(1994)은 주장한다.

자아가 형성되면서 자기애가 충만해지는 것은 너무나 당연한 과정이고 필수적으로 일어나야 하는 현상이다. 자아는 막강한 우로보로스로부터 해방되고, 하나의 주체적인 인격이 확립된다는 사실에 스스로 대단하다고 여긴다. 정도가 너무 지나치면 자만과 과대망상에 빠지기도 한다. 그러면서 자아는 무의식을 가볍게 여기고 하찮게 여긴다. 자아의 이런 태도가 더 심각해지면, 이제 자아는 무의식 존재 자체를 부정하며 억압하기 시작한다. 자아가 이러는 이유는 아직 자아가 미성숙하기 때문이다 (Neumann, 1994).

공포스러운 모성에서 벗어나기 위해, 청소년기 자아는 자신을 파괴하거나 자기를 부풀려 스스로 매혹당하는 방법을 사용한다. 스스로 멋지다는 착각에 푹 빠져 있는 자아를 무의식은 묵과하지 않는다. 한쪽으로 치우친 것을 막기 위해 한껏 고양된 기분을 자기 파괴와 우울감으로 균형 맞춘다.

영웅신화: 영웅의 탄생

어려움을 무릅쓰고 '부모로부터 분리'라는 과제를 시도할 수 있을 때 드디어 '자아가 확립되었다, 한 인격체가 되었다'라고 말할 수 있다. 이런 사람을 우리는 영웅이라 부른다. 영웅이란 어머니와 별개로 자기만의 삶을 사는 사람을 말한다. 이 숙제를 하지 않으면 어떤 것도 할 수도 없고 이룰 수 없어, 인생이 앞으로 나갈 수가 없다.

신화에서 영웅은 몇 가지 특징이 있는데, 그중 하나가 어머니나 아버지가 두 명이라는 점이다. 개인적인 부모 외에 초개인적인 부모 즉 원형적인 부모가 있는데, 이 부모는 신이거나 신의 약혼자다. 성경에서 예수는 개인적인 아버지 요셉을 두었다. 요셉은 세속적이고 인간적인 아버지로, 인간 예수의 아버지다. 하늘의 아버지 그리고 신의 아들인 예수는 불멸의 존재다. 어머니 마리아는 성령에 의해 예수를 잉태한다. 헤라의 양자가 된 헤라클라스는 불멸을 얻게 된다. 헤라클라스는 인간의 부모, 신의 부모 둘을 가졌다(Neumann, 1994). 고구려의 주몽은 하늘의 신 해모수와 강의 신 하백의 딸 유화 사이에서 태어났다. 알에서 태어난 주몽은 현실의 아버지가 없어 여러 위기를 겪지만, 강력한 신의 보호를 받으며 자란다. 천주교의 대부와 대모, 불교의 상자(스님을 부모로 둔 일종의 양자)는 이중 부모와 맥을 같이 한다.

자아가 성장함에 따라 모성 원형도 더불어 변한다. 자아가 튼튼해지고 굳건해지면 모성 원형은 힘을 잃고 축소되어 쪼그라든다. 자아가 될 씨앗만 가지고 태어난 아기, 존재감이 거의 없었던 아기의 곁에는 우로보로스 모성이 함께 한다. 아기가 점점 자라 힘을 갖게 되면 우로보로스의 남근이나 젖가슴처럼 아기의 존재감이 희미하게나마 생기기 시작한다. 이 단계까지 아기는 인격을 갖춘 한 사람의 존재가 아니라 아직도 익명의 존재다. 점점 자라 자아가 힘을 갖게 되면 남근이었던 아들은 태모의 연인 혹은 남편이 된다.

영웅의 어머니가 처녀로 영웅을 잉태하는데, 이때 처녀는 신체적 순결함을 의미하는 것이 아니라 신성에 열려있는 심리적 상태를 말한다. 신화에서 처녀는 태모의 고유한 특징이고 어떤 남자와도 상관없이 임신할 수 있는 창조력을 가진 존재를 말하는데(Neumann, 1994), 이런 모계적 원형, 모성이 신이라는 원형의 속성이 그대로 영웅 신화에서도 이어진다. 바로 영웅의 어머니가 신의 배우자라는 설정이다.

부모가 둘이었듯이 영웅 역시 이중 구조를 가졌다. 신화에서 영웅은 인간의 아들이자 신의 아들로 등장하거나 혹은 쌍둥이 형제로 등장한다. 쌍둥이 중 한 사람은 사멸적 존재로, 나머지 한 사람은 불사의 존재다(Neumann, 1994).

부모도 이중이고 자아도 이중으로, 모두 쌍둥이다. 쌍둥이란 의미는 어떤 것인가? 나뭇가지 하나는 쉽게 부러뜨릴 수 있지만, 두 개를 부러뜨리려고 하면 더 많은 힘이 필요하다. 이것은 한 사람일 때보다 쌍둥이라면 배 이상의 능력을 가질 수 있다는 뜻이다. 또 쌍둥이는 빛과 그림자, 밝음과 어둠을 모두 가진 온전함 그 자체다. 그래서 '쌍둥이 별자리'처럼 쌍둥이를 신격화하는 문화가 많다. 이것은 영웅이 된 자녀가 심리적으로 그만큼 많이 성장했다는 뜻이다.

부모에게 신의 모습을 기대하고 투사하는 것은 아동기의 전형적인 모습이다. 아이는 부모가 모든 것을 다 할 줄 안다고 여긴다. 아이의 어려움을 바로 처리하고 해결해 주는 모습에 아이는 부모에게 신의 모습을 투사하는 것이다. "비가 내려서 오늘은 외출할 수 없다"라는 부모 말에 아이는 "엄마가 비를 그치게 하면 되잖아, 비를 그치게 해줘"라고 한다.

영웅신화부터 부권적인 요소가 포함되기 시작한다. 인류 역사 대부분을 차지하는 모권 시대에 남성은 철저히 주변인이었다. 아들이 성장하면 어머니 집단에서 나와 독립해야 했다. 그렇다고 아내 집단에도 속할 수도 없었다. 남성에게 아들이었던 적은 있었지만, 남편이나 아버지로서 힘을 행사하기 시작한 것은 인류 역사라는 시간에서 0.001%에 지나지 않는다. 남성들은 살아남기 위해 남성끼리 동맹을 맺고 연대를 하게 되는데, 조직적이고 체계성을 갖춘 남성 집단은 나중에 정치적·군사적·경제적 제도로 발전하여 오늘날의 수많은 제도와 문명으로 이어진다.

남성성, 남성 문화, 남성 제의

남성들끼리 연대를 맺으면서 생긴 집단은 몇 가지 독특한 특징을 가지고 있다. 그중 하나가 성인식이고, 또 하나가 토템 문화다. 토템은 남성 조직을 하나로 묶는 정신적인 구심점 역할을 한다. 토템은 영적인 능력을 가진 자, 즉 영웅이 신의 뜻을 제시하면서 형성되는데, 이때 토템은 신(전체성)을 집단적으로 투사한 것이다(Neumann, 1994).

우리나라 건국 신화 역시 영웅과 토템이 잘 드러난다. 비, 바람, 구름을 관장하는 환웅은 하늘신의 아들로, 하늘에서 내려와 새로운 나라를 세운 영웅이다. 환웅이 관장하는 비, 바람, 구름은 농경사회에서 매우 중요한 요소로, 그리스 신화로 치면 환웅은 제우스와 포세이돈을 합친 신이라 할 수 있다. 사람이 되려고 100일 동안 쑥과 마늘을 먹은 호랑이와 곰은 토템 집단이라 볼 수 있고, 환웅과 곰 사이에서 태어난 단군은 신의 뜻을 잇는 제사장으로 볼 수 있다. 토템과 집단정신이 서로 합쳐진 것이 바로 종교 집단이다. 오늘날의 문화와 제도는 모두 남성성의 결과물이고, 남성주의 사회에서 비롯되었다고 할 수 있다

영웅은 신이기도 하고 최초의 조상이기도 하며 영적인 창조자이기도 한다. 집단의 조상이자 창시자인 영웅은 권력과 힘을 가지고 집단에 비전을 제시하며 지혜를 전수한다(Neumann, 1994). 새로운 시대를 여는 자가 바로 영웅이다. 새로운 왕이 나오면 나라 이름을 바꾸고 연호를 바꾸면서 새로운 체제와 새로운 시대를 예고한다.

모세는 이집트 시대를 끝내고 유대민족의 새로운 시대를 여는 영웅이 되었다. 예수 역시 영웅이다. 동물적인 환락과 피를 부르는 잔인한 유흥을 즐기던 본능에 충실했던 로마 시대를 종식시키고, 빛으로 등장하여 새 시대를 연 영웅이다. 석가모니도 영웅이다. 그 당시 인도는 브라만의 절대 통치 시대로 철저한 신분제가 인간의 운명과 삶을 결정했다. 석가모니는 모든 사람이 깨달음을 얻으면 부처가 될 수 있다는 방법을 제시하면서 낡은 시대정신을 깨뜨렸다.

이렇게 보면 프로이트 역시 영웅이다. 고통스러운 마음의 표현인 신경증을 편견 없이 환자의 마음으로 보았고, 환자 각 개인의 사정을 진지하게 받아들이고 탐구한 점이 바로 그렇다. 융은 프로이트의 용기 있는 태도를 구약의 예언자가 거짓 신들을 무너뜨린 것과 같다고 보았다. 프로이트는 환자에 관해 깊은 인간애를 가지고 꿈을 통해 무의식에 접근하면서 새로운 지평을 연 영웅이다.

영웅의 특징 중 또 다른 하나가 두 번 태어나는 것이다. 예수가 부활하면서 두 번 태어나는 것도, 인도의 브라만 침례나 기독교의 세례식도 같은 맥락이다. 이것은 질적으로 다른 차원의 인격을 가진다는 의미다. 영웅은 근친상간의 형태로 자신을 잡아먹는 무의식이 두려움에도 불구하고, 기꺼이 뚫고 나와 전혀 다른 존재가 된다(Neumann, 1994).

두 번 태어나는 것을 상징하는 것이 바로 성인식이다. 의식의 아들이 무의식의 모성에서 떨어져 나올 때, 많은 사회에서 성인식이 행해진다. 성인식라는 입문 제의는 아들이 모성에 속한 존재가 아니라, 새로운 존재라는 일종의 선언이다. 어머니의 아들은 죽고, 사회의 일원으로서 한 개인이 새롭게 태어나는 것이다. 그래서 많은 성인식에는 죽을 만큼 어렵고 무섭고 끔찍한 미션이 있다. 소년은 어려운 과제를 통과하면서 죽음의 경험 그리고 제2의 탄생이라는 신비한 경험을 한다. 이것은 낡고 미성숙한 인격이 죽고 새로운 인격을 갖춘 남성이 태어남을 의미한다.

육신의 삶은 어머니로부터 받지만, 사회에서 살아갈 영적·문화적 삶은 아버지로부터 받는다는 것을 의미하는 것이 성인식이다. 성인식은 아들의 탄생이 아니라 남성으로서의 탄생을 의미한다. 그것은 자연적인 현상으로서 탄생이 아니라 문명화된 창조물로서의 탄생이다. 여전히 태모는 남근을 원하지만, 영웅은 이제 더 크고 강력해진 남근이 아니라 훌륭한 남성으로 존재하길 원한다.

영웅은 남근으로 상징되지 않고, 대신 머리 혹은 눈으로 상징된다. 머리와 눈은 보다 세련되고 고양된 의식을 상징한다. 또 머리와 눈은 남성의 의식, 정신, 천상, 태양을 상징한다. 그래서 남성의 입문 제의에는 빛, 태양, 머리, 눈 같은 정신을 강조하는 경우가 많다. 이것은 영웅은 이제 대지의 아들이 아니라 천상의 아들이라는 뜻이다. 어머니와는 전혀 다른 차원인 새로 태어난 정신이다. 이때 천상은 신을 의미하는 것이 아니라 의식이 보다 학문적·철학적이 되고, 보다 고차원적이 된 것을 말한다(Neumann, 1994).

모성 살해

무서운 모성에게 잡아 먹히고 무력하게 압도당하는 상황은 청소년이 영웅이 되면서 역전된다. 지금까지는 극악무도한 모성이 아들을 파괴했지만, 아들은 이제 더 이상 그것을 좌시하지 않는다. 모성이 자신에게 했던 방식 그대로, 아들은 모성에게 대적한다. 이것이 신화에서 '용과의 싸움'이다. 지금까지 모성에게 죽임만 당하던 아들은 이제부터는 모성을 죽인다. 이것을 신화에서는 모성 살해 혹은 부성 살해로 표현했다(Neumann, 1994).

신화에서 영웅은 태양의 아들로 곧잘 등장한다. 태양 숭배는 세계적으로 널리 퍼진 신화적 요소로 이집트의 파라오, 멕시코의 아즈텍 문명, 빛으로 세상을 다스린 신라의 박혁거세, 일본으로 건너가 천일창天日槍이 된 연오랑·세오녀, 고구려 주몽의 아버지 해모수 등이 그렇다. 융은 태양 신화를 대표적인 영웅 신화라고 보았다.

태양 신화

영웅은 매일 밤 서쪽에 사는 밤의 바다 괴물에게 잡아 먹힌다. 영웅은 자궁

동굴에서 마주친 용과 싸워 이긴다. 새롭게 승리한 태양이 다시 동쪽에서 태어난다.

해모수 신화

해모수는 오룡거(五龍車)를 타고 아침에 지상으로 내려와 장사를 보살피고 저녁에는 다시 하늘로 되돌아가는데, 그의 행적이 마치 태양과 같다.

영웅은 매일 밤 어머니라는 바다 속에 잠기거나, 어머니라는 바다 괴물에게 잡아 먹힌다. 불멸의 신인 태양(영웅)은 적극적으로 괴물을 죽이고 헤쳐 나오면서 매일 아침마다 다시 태어난다.

해가 진다는 의미는 모성에 굴복당한 자아가 에너지를 잃고 우울에 빠지는 것을 말한다. 밤, 어둠, 심연, 자궁은 모두 태모를 뜻한다. 자아를 만들려는 영웅의 시도에 태모는 죽음과 거세로 협박한다. 다시 자궁으로 끄집어 내리려는 강력한 퇴행의 힘이다. 밤바다에서 영웅이 싸움을 하는 것은 무의식의 손아귀에서 벗어나 자유로운 의식을 구하려는 노력을 의미한다(Sharp, 1992).

영웅은 배를 타고 바다를 항해하다 괴물에게 잡아 먹힌다. 영웅은 괴물 이빨에 물어뜯기거나 잘려 나가지 않으려 갖은 애를 쓴다. 요나처럼 괴물의 뱃속에 들어간 영웅은 괴물의 내장을 칼로 자르면서 괴물 배속을 나올 수 있었다. 이때 바다는 무의식을 뜻하고 괴물은 어머니를 상징하며, 괴물 뱃속의 내장은 심리적 탯줄을 의미한다(Neumann, 1994).

영웅신화의 또 다른 버전은 보물을 얻거나 사랑하는 여인을 구하려고 깊은 숲으로 들어가는 이야기이다. 영웅이 반드시 얻어야 하는 보물은 귀한 보석, 불로초, 생명수 혹은 잠자는 공주처럼 구속에서 해방된 자유를 의미한다. 깊은 숲에는 용 같은 괴물이 영웅을 가로막고 있는데 이때 깊은 숲은 무의식을 상징하며, 괴물은 아들을 영원히 아이로 잡아 두려는 우로보로스 모성 혹은 태모에게 잡아 먹히는 아들의 두려움을 상징한다(Neumann, 1994). 그러다 민담 「헨젤과 그레텔」에서는 드디어 마녀를 오븐에 굽는다.

빛을 가져온 자, 영웅은 두려움을 무릅쓰고 괴물과 기꺼이 대적한다. 잠자는 숲속의 공주를 구하기 위해 왕자는 용을 처단해야 한다. 헨젤과 그레텔은 자신들을 화덕에 구워 먹으려는 숲속의 마녀를 죽이기로 했다. 영웅 페르세우스는 태모인 메두사를 죽여야만 했다.

새로 태어난 자아가 두려움을 이겨내고 용과 대적하는 것은 인격의 성장과 변화에 결정적인 역할을 한다. 모성에서 벗어나려는 것 그리고 다시 우로보로스 모성으로 되돌아가려는 퇴행과 맞서 싸우는 것이 바로 용과의 싸움이다. 자아는 용과의 싸움에서 이기고, 반드시 영웅이 되어야 한다. 그래야 부모도 아들의 자아가 독립하는 것을 인정하고 아들을 무력한 존재가 아닌 생산적인 존재라고 인정하게 된다(Neumann, 1994).

모성에게 무기력하게 발기발기 찢겨 죽임당하던 아들이 이제 모성이라는 괴물을 처단할 수 있게 되었다. 이 얼마나 장하고 감격스러운 장면

인가. 이때 괴물 어머니는 장렬하게 죽어야 한다. 그래야 어머니도 모성에서 벗어나 새로운 차원의 삶을 살 수 있다.

밤의 항해에서 가장 어둡고 깊은 시점이자, 용과 싸워 이겨야만 하는 시점인 자정(음의 기운이 가장 왕성한 시점)에 영웅은 새로운 태양으로 어둠을 정복하면서 새로운 날을 시작한다.

대부분 많은 문화에서 동지(冬至)축제를 연다. 동지는 자정과 같은 의미로, 음기 즉 우로보로스의 힘이 최고조에 이를 때다. 동지는 태양이 가장 힘이 잃는 시기, 태양이 죽음을 맞는 시기이기도 하지만 동시에 태양이 다시 힘을 얻는 시기, 태양이 다시 태어나는 시점이기도 하다. 일 년 중 가장 어둠이 긴 동지에 죽음을 끝내고 빛의 구세주로서 그리스도가 태어나는 것도 이런 맥락이다. 새로운 빛의 등장과 승리로 인해 머리는 빛으로 환하게 빛나는데, 이것은 예수의 면류관과 후광의 상징이다. 영웅의 승리는 새로운 정신, 새로운 인식과 같은 의식의 변화를 의미한다.

영웅은 괴물을 처단해야만 자신이 얻고자 하는 것을 얻을 수 있다. 정신분석에서 영웅 신화에 해당하는 것이 바로 외디푸스 콤플렉스다. 융은 외디푸스 콤플렉스를 개인적인 가족의 사건이라든가 실제 일어난 사건으로 보지 않았다. 외디푸스 콤플렉스는 정신질환 환자의 망상이나 세계 도처에서 흔히 발견되는 주제로, 인간이 가지는 하나의 원형으로 이해되어야 하기 때문이다. 외디푸스 콤플렉스는 모성으로부터 벗어나려고 하는 자아의 고군분투를 표현하는 이야기다.

하지만 외디푸스는 절반의 성공만 거두었다. 스핑크스라는 우로보로스 괴물과의 싸움에서 외디푸스는 승리를 거둔다. 그러나 근친상간이라는 숙제는 실패하면서 어머니와 결혼한다. 이것은 어머니와의 관계에서 떨어져 나오는 분리를 실패했다는 의미다. 아버지를 죽이고 어머니와 결혼한 자신을 용서할 수 없어 외디푸스는 자기 눈을 찌르는데 이때 눈은 의식, 남성성을 의미한다. 즉 자기 거세를 한 것이다. 기껏 성취한 자아와 의식을 소용없게 만들었다. 태모를 죽이지 못하고 다시 아들-연인으로 퇴행해 버렸다(Neumann, 1994).

태모에게 잡아 먹혀 죽임을 당하고 다시 태어나면 또다시 죽임을 당하는 과정을 겪으면서 인격은 변환할 수 있다. 다시 태어날 때마다 인격은 새롭게 보다 높은 차원으로 성숙할 수 있다.

자아가 생기면서 생겨난 감정이 바로 외로움이다. 우로보로스 모성 안에 있을 때 외로움이란 감정은 있을 수 없다. 외로움은 하나의 존재가 생겼다는 방증이다. 모성에서 벗어난 자아는 외로움뿐만 아니라 고통, 어려움, 나쁨과 악, 병과 죽음을 알게 된다(Neumann, 1994). 자아가 생겼다는 것은 더 낮은 곳, 더 불편하고 더 불쾌한 곳으로 내려간다는 것을 의미한다. 대극으로 인해 나쁜 것이 있다는 것을 알았기 때문이다.

부모와의 분리는 여러 가지 불편한 감정을 초래한다. 자녀의 독립은 당연한 수순임에도 불구하고 종교에서는 도덕적인 이슈로 다뤄 원죄, 권위에 대한 불복종과 도전으로 해석하였다. 하지만 이것은 한 사람으로서 자아를 확립시켜, 무의식의 힘에 휘둘리지 않고 자유로워지는 매우 중요한 사건이다. 인생의 중요한 과제를 해내는 것으로 매우 의미 있는 성취다. 물론 여기에는 낙원을 잃어버린 상실감과 고통, 부모를 죽인 것 같은 죄책감, 거세당하고 갈가리 찢겨 죽을 것 같은 두려움이 따른다. 하지만 이런 힘든 감정들은 창조적인 세상을 열기 위해 반드시 선행되어야 하는 과정일 뿐이다. 오래되고 낡은 것을 부수고, 기능하지 못하는 노쇠한 것을 없애는 것, 그러면서 이제부터는 낡고 노쇠한 것에 영향을 받지 않는 것, 이런 과정은 너무나 당연한데도, 자꾸만 죄를 짓는 것 같다(Neumann, 1994). 그것은 원형이 작동하기 때문이다.

부성 살해

모성 살해가 무의식에서 의식이 출현하는 장면을 묘사한 것이라면 부성 살해는 의식이 지속적으로 개편되는 진화를 표현한 것이다. 남성성(의식)이 이뤄 놓은 제도와 규율, 문화는 시대에 따라 업그레이드가 되어야 한다. 새로운 시대는 과거의 낡은 시대를 뒤엎고 구시대의 제도와 관습을 바꿔야 한다. 크로노스가 우라노스를 죽였듯이, 아들이 아버지를 몰아내고 왕권찬탈을 했듯이, 신구의 대립에서 새로운 정신이 승리해야 한다. 부성 살해에서 부성이 의미하는 것은 남근처럼 근원적인 것이 아니라 정신적인 것이라고 노이만은 주장했다. 모성살해나 부성살해는 실제 부모를 죽이는 것과 아무런 상관이 없는, 그저 상징적인 의미일 뿐이다.

아들이 영웅이 되려고 하는 것을 방해하고 가로막는 부성이란 낡아빠진 법, 구식의 종교, 낡은 도덕성, 오래되고 구닥다리가 된 관습이나 양식을 말한다. 새로운 권력이 들어서면 악법을 고치고 구습을 바꾸면서 개혁을 시도한다. 이것이 아들이 하는 일이다. 아버지는 유효기간이 지났음에도 아직도 효력이 있다고 우기는, 새로운 시대가 오는 것을 거부하는 고리타분한 것을 상징한다.

신화에서는 부성이 아들을 거세하는 것을 1) 아들이 어디에 갇혀 감금되었거나 2) 무엇인가에 사로잡혔다고 표현한다. 첫 번째, 감금은 자아가 집단적 규범이라는 부성에 꼼짝하지 못하고 굴복당해 그저 따르기만 하는 것을 뜻한다(Neumann, 1994).

감금된 아들은 자아가 너무 약하다. 자신만의 자아를 만들지 않고 아버지의 것을 그대로 빌렸다. 겉으로는 순종적이고 착해 보이지만 아들 내면의 자기정체성은 희미해서 무기력하다. 자신이 누구인지, 무엇을 원하는지 늘 헷갈린다. 아버지 모습을 이상적인 모습이라 여기고, 아버지 모습을 그대로 자기 것으로 복제했다. 아버지를 따라 하고 닮는 일방적인 동일시는 자아를 약하게 만든다. 결국 '자기'가 없는 아들이 되어 버렸다. 이 아들은 아버지가 해 놓은 것을 묻지도 따지지도 않은 채, 아무런 거부 없이 있는 그대로 답습한다. 그래서 새롭지도 않고 신선하지도 않다. 생명력이라고는 느낄 수 없는 아들에게 창조성을 기대하기란 매우 어렵다.

두 번째, 무엇인가에 사로잡혔다는 것이란 신적인 부성에 꼼짝 못 하고 아들이 '영혼 멸절' 즉 정신적 문제라는 형태로 거세당하는 것을 말한다. 신에 의해 수태된, 신의 아들인 영웅은 자신이 아버지처럼 신이라고 착가하며 자신의 한계를 모르고 나댄다. 아들의 자아는 팽창하여 너무 높이 날아오르든가 아니면 너무 깊이 들어가 버린다. 신화 속 이카로스처럼 겁 없이 태양을 향해 날아오르다 불타 버리거나, 페가수스를 타고 천상에 가려다 추락해 미쳐버리거나, 프로메테우스처럼 신의 영역을 훔치다 바위에 묶인 벌을 받는 경우가 바로 사로잡힘에 해당한다(Neumann, 1994).

사로잡힌 아들은 아버지와 정신적으로 분리되지 않아 자기가 신이라는 망상에 빠진, 자아가 팽창된 아들이다. 자신을 과대평가하고 자만하며 까불면 영혼이 산산이 부서지는 파국을 맞는다. 부성에 사로잡힌 결과 광란, 정신 착란, 파멸, 죽음 같은 불행한 종말로 끝이 난다.

아들은 아버지를 넘어서야 하는 운명을 가졌다. 너무 훌륭하고 존경스러운 아버지를 둔 아들은 아버지를 넘어서는 것은 고사하고 아버지를 따라가는 것조차 버겁다. 아버지가 너무 잘나도 자녀는 고달프다. 아들이 아버지를 넘어서려 할 때 적당히 물러서고 져주는 아버지가 바람직한 아버지다. 아버지가 살해당한 그 자리를 아들은 새로운 것으로 채우면서, 아버지를 가치 있는 존재로 만든다. 매우 역설적인 이야기지만, 그것은 아버지가 죽어야 가능한 일이다. 아버지가 사라지고 빈자리가 생겨야, 아버지는 더 강력하고 위대한 힘을 가진 존재가 될 수 있다.

지금까지 모성 원형으로부터 자아가 분리되어 온전한 한 사람이 되는 과정을 창조 신화와 영웅신화를 통해 알아보았다. 모성이 아들의 거세를 망아적으로 다룬다면, 부성은 아들의 거세를 금욕주의로 다룬다

(Neumann, 1994). 극단적이고 치명적인 모성에 비해, 부성은 금기를 깨뜨린 것에 벌을 주는 형태로 도덕적인 색채를 띤다. 자녀를 아들로 칭한 이유는 모성과 무의식, 아들과 의식을 대비시키기 위해서다. 의식의 발달은 남성성의 힘으로 이루어지기 때문이다.

우리 모두 이 과제를 잘 끝내는 영웅이길 소망한다. 또 아들에게 기꺼이 죽임당하는 우로보로스 모성이길 소망한다. 아들도 어머니도 우로보로스에서 벗어나 한 인간으로 자신만의 자유롭고 풍요로운 삶을 살길 간절히 바란다.

8

모성 콤플렉스에서 벗어나기

청소년기의 모성 살해·부성 살해라는 과제를 잘 이행할 때 드디어 아니마와 아니무스가 만들어질 수 있다. 청소년기 이후 자아가 독립적으로 자기만의 세계를 이루고 나면 더 이상 모성 원형이 자아를 돌보거나 보호할 필요가 없어진다. 역할을 잃은 모성 원형은 이제 아니마로 전환된다. 청소년기 이전에는 내면세계를 모성 원형이 설명해 주었다면, 청소년기 이후에는 아니마와 아니무스가 그 역할을 대신할 것이다.

전인격화를 위해서는 반드시 모성 콤플렉스와 부성 콤플렉스에서 벗어나야 한다. 이 말은 아들이 부성 콤플렉스에서 벗어나야 하고 딸은 부성 콤플렉스에서 벗어나야 한다는 뜻이 아니다. 아들과 딸 모두 어머니에게서 태어난 것처럼, 우리는 모두 모성 콤플렉스에서 시작한다.

우리는 모두 위대한 이시스(이집트 신화의 모성 신)의 망토 안에서 성장했다고 융은 말한다. 또 위대한 모성 원형에 대해 우리가 가져야 할 태도를 다음과 주장했다. 어머니 사랑은 우리 삶에서 가장 감동적인 추억, 잊을 수 없는 기억이다. 모든 성장의 뿌리이자 변화하게 만드는 뿌리다. 어머니는 위대한 모성 원형의 엄청난 무게감과 부담감에 짓눌려 있다. 우리는 어머니를 모성 원형에서 벗어나도록 도울 필요가 있다. 모성 원형에서 벗어나야 어머니도 한 인간으로 자유롭게 살 수 있다. 그것을 위해 모성 원형을 심리학적으로 이해하려는 것이다.

융은 「원형과 집단무의식」에서 모성 콤플렉스가 딸과 아들에게 다양한 방식으로 영향을 미친다고 보았다. 대체로 딸의 경우 모성 콤플렉스는 과하게 발달하거나 반대로 과하게 억제하는 방식으로 표현된다. 그에 비해 아들의 경우 모성 콤플렉스는 성적인 측면을 왜곡시키면서 아들의 남성 본능을 훼손시킨다.

모성 콤플렉스와 딸

융은 어머니와 딸의 관계가 심리적인 측면에서 더 순수하다고 주장했다. 아마도 무의식적인 성적 요소가 덜하기 때문일 것이다. 모성 원형의 강력한 영향력 안에 있으면, 모성적 본능이 강화되기도 하고 반대로 모성 본능이 저하되기도 한다. 융이 제시한 다양한 양상은 다음과 같다.

첫째, 모성 원형이 지나치게 비대해져 모성 본능이 강화된 여성이다. 여성은 아이를 낳고 기르고 돌보는 모성 역할이 곧 자신이라고 동일시 한다.

이런 여성은 아이 많이 낳아 기르거나 동식물을 많이 돌본다. 이 여성에게 남편은 부수적인 존재다. 남편이 안중에도 없고 여성에게 유일한 목표는 출산과 양육뿐이다. 친정과 시집의 형제자매도 키우고 남편도 키운다.

융은 이 유형을 딸 페르세포네를 자신에게 달라고 조르는 데메테르라고 보았다. 대지의 여신을 닮은 여성은 개인의 한계를 넘어선 능력을 사용한 나머지 자신의 능력보다 몇 배 강한 힘으로 산다. 이런 괴력은 모두 모성 원형에서 나온다. 모성 원형이 자아를 장악해 버린 결과다.

겉으로는 다른 사람을 위해 매우 헌신적인 어머니로 보이지만 사실 희생이라고는 전혀 모르는, 권력에 대한 탐욕이 매우 강한 어머니다(Jung, 1981). 가족들은 어머니에게 지나치게 의존하게 되고, 여성은 막강한 힘을 행사하며 가족들을 지배한다. 무자비한 권력욕과 모성의 힘에 미쳐버린 어머니는 자신은 물론이고 자녀의 삶을 파괴한다.

둘째, 모성 원형의 에로스가 지나치게 활성화되어 에로스가 과다하게 발달한 경우다. 이런 딸은 어릴 때부터 조숙한 숙녀가 되어 아버지 사랑을 독차지한다. 아버지가 딸을 자기의 연인으로 삼은 것이 아니라, 딸이 아버지를 사랑의 대상으로 삼았다. 어머니 대신 아내 역할을 하며 아버지를 걱정하고 위로하며 세심하고 챙기고 돌본다. 딸은 어머니를 적으로 여기고 경쟁한다. 그러면 어머니는 아들과 한편을 먹고 복수를 꾸민다. 융은 이 유형을 '아버지와의 무의식적인 근친상간 관계'라고 보았다.

이런 여성의 경우 유부남에게 끌리면서 유부남을 유혹할 수 있다. 그 이유는 그 '남성' 때문이 아니라 그 남자의 '결혼'을 파괴할 수 있기 때문이다. 막상 유부남이 이혼을 하고 그녀에게 오면, 지금껏 가졌던 유부남에 대한 매력이 뚝 떨어지면서 애정이 사그라든다. 그녀의 사랑은 이제 다른 남자에게 향한다.

셋째, 모성 본능을 자신의 것으로 받아들이지 않는 경우다. 딸의 모성 원형은 마비되어 작동하지 않고, 딸은 자신의 모성 본능과 에로스를 의식하지 못한다. 이 여성은 모성, 어머니로서의 책임감, 친밀한 관계, 사랑과 성이라는 주제가 나올 때마다 열등감에 휩싸인다. 열등감을 해결하는 방법은 어머니에게 달려가는 것이다(Jung, 1981).

어머니는 딸과는 비교가 되지 않을 만큼 완벽한 어머니다. 그 이유는 딸이 모성 원형을 모두 어머니에게 투사했기 때문이다. 그 바람에 어머니는 모성 신이 된다. "엄마는 대단해, 뭐든 잘해, 나는 못해"라는 말을 입에 달고 살면서 어머니에게 철저히 의존한다. 자신의 모성 본능을 어머니에게 떠넘기면서, 자신은 어머니보다 열등한 존재, 의존적인 딸이 되는 것이다. 결혼 후에도 어머니가 필요한 아이가 되어 친정어머니 그늘 밑에 있다.

이 딸은 겉으로는 어머니에게 충성하며 따르는 것처럼 보이지만, 실은 어머니를 조종하면서 어머니 위에서 군림하고 있다(Jung, 1981).

투사는 어머니뿐만 아니라 남편에게도 일어난다. 자아가 약하면 기능의 교환이 쉽게 일어난다. 이 여성은 자기 기능을 어머니와 남편에게 떠넘겼다. 그래서 어머니와 남편은 자신이 본래 가진 기능보다 훨씬 잘 기능할 수 있다.

여성의 모호함과 유약함은 남성의 단호함, 일편단심과 짝이 된다. 여성은 남성이 하고 싶은 모든 투사를 할 수 있게끔 문어의 촉수처럼 남성을 잡아끈다. 여성의 열등감 때문에 남성은 우월감에 도취할 수 있다(Jung, 1981).

여성의 유능하고 좋은 특성을 남편에게 투사하게 되면 남편은 수퍼맨처럼 엄청난 사람이 된다. 남편은 강하고 유능해져서 의존적이고 유약한 아내를 보호할 수 있다. 재능 없는 남성이 연약하고 애매모호하며 흐릿한 여성을 만나면 상당한 매력을 느낄 수 있는데, 그 이유는 이런 여성들이 남성의 재능을 꽃피우게 만들기 때문이다. 이런 딸들은 결혼 시장에서 인기가 높다.

이때 남성이 잊지 말아야 할 사실이 하나 있다. 바로 아내를 장모에게 넘겨야 한다는 것이다. 데메테르가 신들에게 자기 딸을 돌려달라고 애걸복걸하는 바람에 봄이 되면 지옥의 페르세포네는 데메테르에게 돌아오는 것처럼(Jung, 1981) 말이다.

현모양처가 되는 것은 전인격화 과정과 상당히 대치된다. 현모양처를 꿈꾸는 여성이 결혼 후에 자기가 가장 역할을 하는 경우가 더러 있다. 현모양처의 꿈이 깨지는 것은 남편에게 의존하지 말고 자기 인생을 잘 살라는 신의 선물이다.

넷째, 부정적 모성 원형의 영향을 받은 여성이다. 이 여성은 여성 역할과 어머니 역할을 거부하며 그 역할에서 벗어나려 저항한다. 이런 경우 어릴 때부터 어머니처럼 살지 않을 것이라며 자신의 여성성을 부정하는 경우가 많다.

이 여성의 인생 목표는 '어머니와 같지 않다면 모두 OK'다. 하지만 이 여성에게는, '원치 않는 것'은 너무 잘 알지만 정작 자신이 '원하는 것'은 전혀 모른다는 맹점이 있다. 그 이유는 자신의 에너지를 저항하는 데 다 사용해서 에너지가 바닥났기 때문이다(Jung, 1981).

융은 이 유형을 모성 패권에 대해 엄청난 저항을 보이는 부정적인 모성 콤플렉스라고 불렀다. 이 부정적인 모성 콤플렉스는 남편에게 불쾌하기 짝이 없는 아내로, 요리나 살림, 육아를 끔찍하게 싫어하는 주부로서 결혼 생활을 불행으로 몰고 간다. '자궁'이라는 모성 콤플렉스에 대한 거부는 자신의 본능을 거부하는 것으로 이어진다. 남편과의 성생활은 원만하지 않고, 임신에 대한 혐오는 임신 실패나 유산으로 이어질 수 있다.

과거 어머니들은 남편이 부족하거나 모자란 행동을 해도 모성으로 감싸 안았다. 그러나 모성을 거부한 여성은 남성을 모성으로 받아줄 의향이 전혀 없다. 남편이 마음에 들지 않거나 조금만 실수해도 아내는 남편을 가차 없이 응징한다. 남성은 여성과 사정이 다르다. 모성을 부정하는 여성에 비해 남성은 예나 지금이나 모성을 과잉으로 경험하며 자라 왔다. 남성은 자신을 모성으로 대하지 않는 아내를 도저히 이해할 수 없다.

여성성을 거부하며 때로는 남성성을 동일시하는 여성도 있다. 이런 여성은 겉으로 보면 남성인지 여성인지 알 수 없을 정도로 외모에서 여성적인 면을 지워버린다. 남성처럼 짧은 머리에 터프한 이미지를 키운다.

이 유형의 여성은 아니마보다 아니무스 계발에 열중하여 지적인 활동이나 사회적 야망을 이루는 데 전력을 다한다. 이 여성들은 마치 전쟁에 나간 남성처럼 전투적인 태세로 일한다. 융(1981)은 여성의 지적인 능력은 원래 어머니의 어리석음과 앞뒤가 맞지 않은 어머니의 논리를 반박하기 위해 계발한 것이라고 보았다. 만약 이 여성이 결혼한다면 그것은 어머니로부터 달아나기 위해서일 것이다. 그러나 매우 불행한 일이 그녀를 기다리고 있는데, 어머니 성격을 꼭 닮은 남성이 운명처럼 그녀 앞에 있다는 것이다.

이 유형의 여성이 나이가 들어서 행복한 결혼생활을 이룬다면, 그동안 '자궁'을 거부해 왔던 숙제를 마쳤기 때문이다. 삶에서 가장 어려웠던 모성 콤플렉스를 이겨내는 방법은 멀리 피해 달아나는 것이 아니라, 삶에 모성 콤플렉스를 충분히 녹여내고 우려내며 사는 것이라고 융은 말했다. 모성 콤플렉스를 인생에 바짝 끌어당겨서 그 찌꺼기까지 모조리 들이키는 수밖에 없다.

모성 콤플렉스를 극복한 여성은 이미 계발된 객관성과 명쾌함이라는 남성성과 모성이 잘 어우러져 사회적으로 영향력을 행사하는 유능한 사람이 될 수 있다. 뒤늦게 얻은 모성이 예리한 지성에 더해져 시너지 효과를 내는 것이다. 이 여성은 현실적인 업무뿐 아니라 친밀한 인간관계를 잘 다룰 수 있어 주위에 긍정적인 영향력을 미친다. 여성의 모호함이나 예민함에 거부감이 있는 남성들도 이 여성에게는 불편함 없이 다가갈 수 있다. 그 이유는 남성성을 잘 발달시킨 여성이 남성의 마음을 잘 이해할 수 있기 때문이다(Jung, 1981).

모성 콤플렉스와 아들

융은 아들보다 딸의 경우 모성 콤플렉스 문제가 단순하고 순수하다고 보았다. 왜냐하면 딸은 어머니와 같은 성별이라 모성과 여성성이 의식에 있다. 하지만 성이 다른 아들의 경우 어머니 이미지는 무의식에 존재한다. 그래서 남성의 어머니 이미지는 여성의 어머니 이미지와는 근본적으로 다르다. 어머니는 아들이 가장 먼저 만나는 최초의 여성이다. 그래서 아들에게 모성 콤플렉스와 아니마는 나란히 있을 수밖에 없다.

모성 콤플렉스에 휘감긴 아들은 아직 남자가 되지 않았다. 강력한 모성으로 인해 자신이 남자가 될 기회를 잃고 그저 어머니에게 맞추며 어머니의 사랑과 인정과 받는데 자신의 에너지를 다 사용한다.

이런 남성에게는 감성적이고 예술적 재능과 직관력이 있다. 모성 콤플렉스의 창조력과 예술가적 기질이 힘을 발휘했기 때문이다. 아들은 부드럽고 자상하고 동정심이 많으며 공감을 잘한다. 하지만 그것은 고분고분 모성을 따르는 모습일 뿐이다. 눈물 흘리는 어머니를 달래 주는 아들은 어른 같아 보이지만, 실은 조숙한 게 아니라 영원히 남자로 자랄 수 없는 덫에 걸린 것이다. 모성 콤플렉스에 사로잡힌 아들은 우유부단하고 감상에 젖어서 우울이나 연민, 술이라는 어머니의 젖에 빠져 있다. 조숙하게 보이는 아들은 성장할 기회를 놓쳐 나이가 들어서도 아이로 남아있다.

어머니에게 특별한 아들은 자신을 스스로 매우 특별하다고 여긴다. 또래 남자아이처럼 철딱서니 없는 개구쟁이가 아니라고 착각한다. 어머니는 조숙이라는 착각의 덫에 걸린 아들을 구해주기는커녕, 자기를 위해 아들을 이기적으로 이용한다. 그러면 아들의 미숙함은 더 심해지고 아들은 성장할 기회를 잃게 된다. 이런 남성들은 군대에 잡혀가는 꿈을 종종 꾼다. 군대는 군복이라는 똑같은 복장과 획일적인 규율이 지배하는 개인성이 박탈된 곳이다. 이 꿈은 비현실적일 만큼 특별한 개인성을 반박하기 위해, 또한 획일성과 집단적인 보편성으로 균형을 맞추기 위해 등장한 꿈이다.

에로스처럼 어머니 곁에서 어머니 부속품처럼 살게 되면 트렌스젠더나 성소수자 같은 정체성 문제가 발생한다. 트렌스젠더가 유난히 많은 동남아의 한 나라는 성전환 수술이 세계적 수준으로 발달했다. 그렇게 된 배경에는 전쟁이 너무 잦은 나머지 어머니가 아들을 여자아이처럼 키운 역사가 있다. 어머니가 아들을 살리고 보호하려는 방편이었지만, 어머니의 아들에 대한 불안이 결국 아들의 남성성을 잡아먹는 결과를 낳았다.

모성 콤플렉스에서 벗어나지 못한 아들은 장차 이성 관계에서 어려움을 겪을 수 있다. 카사노바처럼 과도하게 남성성을 강조하며 여성 편력이 심한 바람둥이[Don Juanism]가 되는데, 그 이유는 만나는 모든 여성에게서 무의식적으로 어머니를 찾기 때문이다. 결국 모성 콤플렉스에 자아가 굴복당하게 되면 이성과 진정한 관계를 맺기 어려워진다.

과연 융의 주장처럼 모성 콤플렉스에서 아들이 독립하는 것이 딸의 독립보다 더 어렵고 중요한가? 융의 주장처럼 딸은 어머니처럼 역시 모성 원형을 갖고 있어서 어머니로부터 독립이 쉬운 걸까?

여성 분석심리학자 모린 머독[Maureen Murdock](1990)은 딸의 경우 같은 성이기 때문에 오히려 아들보다 모성 콤플렉스 문제가 더 어려울 수 있다고 주장했다. 아들은 어머니를 거부하고 물리치면 된다. 그러나 딸에게 지금까지 동일시해 온 어머니를 부정하는 것은 자신의 여성성을 모두 부정하는 일이다. 그래서 아들의 경우가 훨씬 간단하다고 보았다. 게다가 딸에게는 아들로 태어나지 못한 이유로 아들보다 사랑을 덜 받았다는 열등감이 있다. 이런 이유로 딸은 아들보다 어머니에게 더 인정받고 사랑받으려는 열망이 강하다. 딸이 어머니로부터 독립하는 게 더 어려운 또 다른 이유는 사랑받고 싶다는 욕구와 어머니처럼 살고 싶지 않다는 욕구 사이에 첨예한 갈등이 일어나기 때문이다.

불행하고 답답한 어머니의 삶을 보면서 어머니같이 살지 않겠다고 딸은 결심한다. 딸의 목표는 어머니보다 자유롭고 독립적인 삶을 사는 것이다. 어머니는 딸에게 매우 중요하고 모델이자, 여성이라는 모델로서 상당히 큰 비중을 차지하는 인물이다. 딸은 어머니를 제외하고 대신 다른 여성을 닮고 싶은 모델로 삼고 싶지만, 그것은 그리 간단한 문제가 아니다. 어머니 인생을 모델 삼지 않겠다는 것은 다른 말로 여성으로서의 자신의 삶을 전면 부인하는 것이다.

딸은 어머니에게서 자신을 분리하려고 안간힘을 쓰는데, 그 방법 중 한 가지가 어머니를 탐욕스럽고 못된 모성 원형으로 보는 것이다. 나쁜 어머니라고 여기면서 어머니와 거리를 두고 떠나는 방법이다. 이때 딸이 가진 어머니에 대한 이미지는 실제일 수도 있고 아닐 수도 있다.

모든 인간은 모성으로부터 시작된다. 딸은 모성에서 여성성으로 발달하고, 아들은 모성에서 남성성을 발달시켜야 한다. 딸의 디폴트 값은 어머니여서 어머니가 된 다음 여성이 된다. 그러나 아들은 남성이 된 뒤 아버지가 된다. 딸에게 여성이 된다는 것, 아들에게 아버지가 된다는 것은 위대한 발달이다.

모든 인간은 모성으로부터 시작된다. 딸은 모성에서 여성성으로 발달하고,

아들은 모성에서 남성성을 발달시켜야 한다.

딸의 디폴트 값은 어머니여서 어머니가 된 다음 여성이 된다.

그러나 아들은 남성이 된 뒤 아버지가 된다.

딸에게 여성이 된다는 것, 아들에게 아버지가 된다는 것은 위대한 발달이다.

아니마와 아니무스를 인식하는 것은 전체성으로 가는 역작이라고
융은 말했다. 이런 의식화 과정을 통해 의식이 확장되면 삶을
생생하고 풍요롭게 살 수 있다.

3장

중년기의 위기, 아니마와 아니무스가 답하다

모든 갈등은 의식과 무의식이 부딪힐 때 일어난다. 여성이라는 페르소나(의식)와 무의식에 있는 아니무스가 충돌할 때도 마찬가지다. 어떤 사람들은 이 갈등을 알아챌 수도 있지만, 사람들 대부분은 알아채기 어렵다. 페르소나와 아니마·아니무스의 갈등이라는 사실을 알아챈다 해도 그 갈등은 우리가 조절하거나 통제할 수 있는 영역이 아니다. 자기 인식여부와는 상관없이 이 두 힘의 충돌은 '관계에서의 갈등'이라는 꼴로 드러나고야 만다.

삶이 잘 굴러갈 때 우리는 구태여 무의식을 들여다볼 필요성을 못 느낀다. 아니 아예 무의식이란 자체에 관심이 없다. 하지만 관계가 갈등으로 파국으로 치닫거나, 심각한 병이 들었거나, 하던 일이 엉망이 되어 망했거나, 정신적으로 너무 힘들어 와해 직전의 상태가 되면, 그제서야 모든 것을 멈추고 자신에게 집중한다. 지금껏 살아온 삶이 어땠는지, 자신은 어디로 가고 있는지, 왜 이런 어려움이 자신에게 왔는지, 내면을 보기 시작한다.

이때가 인생에서 매우 중요한 시점이다. 멋지고 자랑스러운 페르소나를 가진 사람일수록 이런 위기가 심각할 수 있다. 자아의 변환을 위해 이런 위기를 적극적으로 조성하고 반란을 주도하는 것이 바로 무의식의 아니마·아니무스다. 외부 세계에 보이는 '나' 가운데 대표적인 것이 페르소나라면, 내부 세계의 '나'라고 말할 수 있는 대표적인 것은 아니마와 아니무스이기 때문이다.

아니마와 아니무스는 어느 순간 불쑥 나타나 자신의 인격이라고 믿고 있었던 페르소나를 흠집 내고 망신을 준다. 아니마와 아니무스가 등장하면 평소와는 전혀 다른 '딴 사람'이 된다. 그때 왜 그런 말과 행동을 하는지 본인도 상대방도 이해할 수 없어 난감한 상황이 된다. 그것은 페르소나가 제 기능을 하지 못하도록 아니마와 아니무스가 방해 작전을 폈기 때문이다. 아니마와 아니무스는 나름대로 인격을 갖추고 있어서 스스로 작동할 수 있다. 아무리 의식이라 하더라도 아니마와 아니무스를 통제하거나 조정할 수 없다. 또 아니마와 아니무스는 목적이 있다. 그것은 관계를 파탄 내는 것이다. 지금까지 살아왔던 인격을 와해시키려는 뚜렷한 목적이 아니마와 아니무스에게 있는 것이다.

중년이 겪고 있는 위기와 고통의 의미는 한쪽으로만 일방적으로 내달리는 것을 이제는 그만둬야 한다는, 무의식이 보내는 경고다. 지난 세월처럼 앞으로도 그런 식으로 계속 살면 곤란해질 거라는 강력한 무의식의 메시지다. 중년기에 들어서면 무의식은 사뭇 다른 태도를 보인다. 왜냐하면 지금까지 살아온 인격의 유효기간이 만료되는 시점이기 때문이다. 지금까지 정신의 주인이라고 행세했던 의식을 더 이상 그 자리에 둘 수 없다. 다시 정신의 주인 자리를 무의식이 되찾을 것이다. 우리는 중년이 되면 새로운 인격으로 교체가 필요하다는 무의식의 경고를 귀담아들어야 한다.

인격의 변화와 성장은 전쟁 같은 의식과 무의식의 첨예한 갈등을 통해 일어난다. 무의식이 의식에 통합되어 의식이 확장되는 변환은 1) 어려움과 고통이 극에 달해 최악의 상태에 다다라야 한다. 이 지경에 이르면 '이러다 죽겠구나, 모든 것이 엉망이다. 이제 인생이 끝났구나'라는 생각이 들면서 절망에 빠진다. 중년기에 이런 경험을 하지 않는 사람은 드물다. 이런 위기를 겪는 것은 인생을 잘못 살았거나 마음이 병들어서 일어나는 것이 아니다. 오히려 마음이 건강하다는 증거다. 인생의 균형을 맞추기 위해 그리고 새로운 인격의 탄생을 위한 신의 축복이다. 2) 이 위기는 자신만이 해결할 수 있으며, 해결은 자기 탐색이라는 방법으로만 가능하다.

이 장에서는 무의식에 있던 아니마와 아니무스가 중년기에 어떤 모습으로 등장하는지, 전인격화를 위해 아니마와 아니무스를 우리는 어떻게 대해야 하는지 살펴보려 한다.

아니마의 두 가지 모습

모든 원형은 양면성을 가지고 있다. 아니마와 아니무스 또한 긍정적인 측면과 부정적인 측면을 모두 가지고 있다.

1) 긍정적인 아니마

아니마가 다스리는 영역은 감정과 관계다. 그래서 융은 아니마를 생명의 원형이라고 불렀다. 아니마가 긍정적으로 작용하면 생동감이 넘치고, 감정이 풍부해지며 어머니 같은 사랑으로 주위를 돌본다. 사람들과 의미 있는 관계를 만들고 따뜻한 인간애를 발휘하게 만드는 것도 아니마의 힘이다. 아니마 덕분에 관계가 넓어지면서 삶의 의미가 확장된다(Sanford, 1984).

놀라운 능력, 예감

아니마의 최고의 측면은 단연코 예감과 직관이라 할 수 있다. 아니마가 긍정적으로 남성에게 작용하면 여러 가지를 일깨워주는 영감(inspiration) 이된다. 그래서 예술가 옆에는 항상 영감을 주는 뮤즈가 있다. 이런 아니마 능력 덕분에, 여성은 남성이 보지 못하는 것을 볼 수 있고 남성이 알지 못하는 것을 알 수 있다. 아니마의 경고에 귀를 기울이는 남성은 아니마라는 안내자를 둔 덕에 큰 사고와 불행을 피해 갈 수 있다.

기다림과 수용성

아니마는 호기심으로 미지의 세계를 열고 탐험하며 새로운 것을 창조하는 역할을 담당한다. 여성성의 수동적인 수용성은 가능성만 있다면 그것이 충분히 무르익을 때까지 품어주고 기다려주는 인큐베이터 역할을 한다. 이때 수동적이라는 의미는 무능력을 뜻하는 것이 아니라, 그저 일어나도록 가만히 지켜보는 것을 말한다.

수용성은 모든 심리적·생물학적 변화를 일어나게 하는 단초가 된다. 수동적인 수용성으로 말미암아 어머니의 임신과 출산이 가능하다. 임신 기간 동안 어머니는 아이의 천성이나 특성, 성별, 건강, 운명 어느 것 하나 분명하게 아는 바가 없다. 그저 어머니는 신의 자비에 의지한 채(Jaffe, 1990), 아기에 대한 가능성만 믿고 아홉 달을 품고 낳아 기른다. 어머니의 호기심과 가능성에 대한 기대는 가능성에 대한 모호함을 충분히 참을 수 있다.

아니마의 황금 열쇠는 미지의 세계나 지식의 문을 여는 열쇠다. 미래에 대한 호기심과 가능성에 대한 기대는 새로운 세상을 열게 하는 황금 열쇠가 된다. 절대 알거나 해서는 안 되는 것을 굳이 행동에 옮기는 이야기는 에로스와 프시케, 판도라의 상자, 오르페우스 이야기에도 등장한다. 신대륙 발견과 탐험은 영국의 엘리자베스 1세나 스페인의 이사벨 여왕처럼 모두 여왕의 시대에 있었다. 민담에서는 이면에 감춰진 진실이 무엇인지 알아내려는 모습으로 아니마가 등장한다.

끈질긴 인내심

아니마에는 인내심이라는 끈질긴 생명력이 있다. 그 덕분에 우리는 잔꾀를 부리거나 편법을 쓰지 않고, 참고 기다리면서 시련과 고통을 감당할 수 있다. 수련하는 힘 역시 아니마로부터 나온 것이다.

계모는 콩쥐에게만 혹독하게 굴며 집안일을 시켰다. 마을 잔치에 가지 못하게 하려고 밑 빠진 독에 물 채우기, 강피 찧기, 나무 호미로 밭매기같이 어려운 숙제를 낸다. 아프로디테 역시 며느리 프시케를 쫓아내기 위해 어려운 세 가지 미션을 준다. 마구 섞여 있는 곡식을 종류별로 가려 놓기, 무서운 숫양의 양털 가져오기, 지옥에 있는 페르세포네를 만나고 오는 것이다. 주인공들은 하나 같이 모진 구박을 견디며 불가능해 보이는 미션을 묵묵히 해낸다. 바리데기는 부모를 구하기 위해 미션을 수행하는데, 그 난이도는 신화와 민담을 통틀어 역대급이다.

집안일이라는 미션은 시사하는 바가 크다. 쓸고 닦고 치우고 밥을 하는 일상의 일처럼 마음을 매일 들여다보고 닦으라는 의미다. 예전 여성들은 마음이 힘들 때 땅을 밟으며 식물을 가꾸고 돌봤다. 개울에서 빨래를 하며 원망과 푸념을 늘어놓았다. 대지의 여신인 땅을 밟고 손으로 만지며 대지의 여신에게 기운을 얻었고, 모성과 무의식을 상징하는 물로 씻고 빨면서 마음을 치유했다. 마음을 가장 중요하고 귀하게 여기면서 이런 일상의 일을 하다 보면, 어느 순간 '휙' 지혜로운 말씀이 지나가고, '아하' 하는 깨달음이 오며, 무당 같은 예지력이 마음을 튼튼하게 만든다.

2) 부정적인 아니마

남성성을 추구하는 페르소나와 대비되면서, 남성의 아니마는 열등한 인격이 된다. 인격에서 소외되어 분화될 기회를 잃은 아니마는 남성을 무의식 감정의 포로로 만든다.

미숙한 감정에 압도당하다

아니마가 자아를 몰아내고 남성 인격의 주인공이 되면, 침착하고 이성적인 모습은 오간 데 없고, 평소와는 전혀 딴판인 낯선 사람이 된다. 남성의 돌변한 모습에 모두는 당혹스럽다. 감정에 압도된 남성은 많은 것들을 엉망진창으로 만들어 버린다.

융은 아니마가 미분화될수록, 미숙한 아이같이 원시적인 감정을 드러내면서 유치한 남성이 된다고 했다. 잘 토라지고 비아냥거리고 빈정대면서 밴댕이 속이 된다. 짜증과 신경질을 부리며 변덕이 죽 끓는 듯하다. 아내를 의심하고 질투하면서 치사해지고 졸렬해진다. 때론 허영심과 욕심이 가득 차 허세가 작렬한다. 스스로를 호방한 쾌남이라고 여기는 남성일수록 이렇게 될 가능성이 높다. 아이로 퇴행하는 남성의 모습에 여성은 남성을 '큰아들'이라 부르며 어린애 취급을 하고, 그러면서 남성은 또다시 여성에게 지배당한다.

부정적인 아니마가 위세를 떨치면 남성은 우울하다 못해 세상에 버림받은 비참한 기분이 들어 죽고 싶다. 때론 잦은 병치레를 하면서 제대로 힘을 쓰지 못한다. 남성이 이렇게 된 이유는 부정적인 아니마에 자아가 압도당했기 때문이다. 생명의 원형인 아니마와 연결이 끊어진 남성은 우울증을 앓기 쉬운데, 고대 인류는 이것을 '영혼의 상실'이라고 불렀다. 세상의 일에 자기 생명력과 에너지를 죄다 쏟아 넣은 나머지, 홀대받던 아니마는 더 이상 참지 못하고 반란을 일으키는 것이다.

그러면 남성은 아니마를 어떻게 대해야 하는가? 불편하거나 찜찜한 기분이 들면, 바로 그 감정을 알아채고 자기 내면으로 들어가 기분과 감정을 돌봐야 한다. 그러기는커녕 남성이 감정을 무시한 채 일에 열중하거나, 알코올이나 성을 탐닉하며 위안 삼으려 하면, 아니마는 더욱 부정적이 된다. 그런 남성이 못마땅해지고 남성을 더 적대적으로 대하면서, 아니마는 남성을 더 곤란하고 난처한 상황으로 몰아넣는다.

이런 현상은 중년기쯤 부쩍 늘어난다. 아니마는 남성의 중년기 삶을 좌우하는 중요한 이슈가 된다. 남성이 첨단 기술과 과학이 전부라고 믿고 무의식과 아니마를 경시했다가는 정말로 큰 사달이 난다(von Franz, 1994).

어머니 귀신, 아니마

아니마는 원래 모성 원형으로부터 비롯되었다. 어린 시절 어떤 어머니를 어떻게 경험했느냐에 따라 아니마의 특성은 달라진다. 부정적인 모성은 아들이 어른으로 자라는 것을 달가워하지 않는다. 우로보로스 모성은 속내를 감춘 채 집요하고도 은밀한 방법으로 아들을 가스라이팅한다. 결국 아들은 어머니에게 휘감기면서 모성 원형에 삼켜진다.

게다가 모성 원형은 아들의 불안을 현실화하는 마력을 가지고 있다. 아니마는 남성의 부정적인 감정을 더욱 과장하고 실제인 것처럼 변조하는 능력이 있다(Jung, 2002).

어머니가 부정적이면, 아들의 아니마 역시 부정적이다. 부정적인 아니마는 예민하고 우울하며 걸핏하면 짜증을 낸다. 귀신처럼 아들에게 달라붙어서 '넌 아무것도 아니다, 아무것도 못 한다'라고 속삭인다. 남성을 유혹해서 죽음으로 이끄는 로렐라이 언덕의 여인처럼 남성을 꼬여내고 갈등을 일으키며 못살게 군다. 결국 아니마는 남성을 파멸로 이끈다(von Franz, 1994). 큰돈을 벌 수 있을 것 같은 환상에 빠져 주식이나 가상화폐에 투자하거나, 그럴싸해 보이는 창업에 모든 것을 걸면서 파멸로 가는 것은 모두 부정적인 아니마가 하는 일이다.

모성 원형이 작동할 때 아들에게 미치는 영향력과 딸에게 미치는 영향력은 천지 차이라고 융은 주장한다. 딸의 경우 감정에 압도당하거나 아니마의 마성에 걸려 곤란해지는 일은 드물다. 왜냐면 모성 원형이 딸에게도 있어 딸 역시 모성 원형 그 자체기 때문이다.

그러나 어머니와 반대 성을 가진 아들은 사정이 다르다. 남성성은 여성성의 속성과는 정반대고, 정신의 작동 원리도 모성과는 전혀 다르다. 그래서 남성에게 아니마는 도대체 이해할 수 없는 낯설고 두려운 것이다. 아니마의 힘이 세지면 남성은 속수무책이 된 나머지 삶이 망가진다. 모성 원형의 장악력에서 벗어나지 못하고 아내와 어머니 사이에서 갈팡질팡하며 헤매는 남성이 바로 그런 경우다.

여성을 무시하고 업신여기는 남성일수록 아니마에 사로잡히기 쉽다고 융은 주장했다. 아니마는 관계를 소중하게 여긴다. 아니마를 가볍게 취급하는 남성은 원만한 관계를 이루기가 어렵다. 아내가 화를 내거나 불편한 심기를 드러내면, 남편은 아내에게서 무서운 어머니를 보고 남성은 주눅 든 채 아이로 퇴행한다. 어머니에게 고분고분하게 순종하거나, 반대로 어머니에게 대들고 반항해 보지만, 그 어느 것도 남성에게 도움이 되지 않는다(Sanford, 1984). 결국 아니마에 지배당한 남성의 부부관계는 점점 험난한 길을 가게 된다.

아니마는 호기심을 갖고 세상을 모험하면서 창조성을 발휘하게 만드는 긍정적인 힘이 있다. 반대로 고약한 아니마에 사로잡히면 남성은 창조적인 힘을 잃고, 자기 능력을 의심하면서 의욕이 꺾인다(Jung, 2007). 남성이 창조성을 가지고 새로운 모험을 하려고 할 때마다, 아니마는 마녀로 등장해서 남성에게 저주와 마법을 퍼붓는다. 마녀는 남성을 개구리로 만들거나 바보로 만들어 남성을 좌절시키고 무력하게 만든다.

그렇다면 어머니를 긍정적으로 경험하는 것은 부정적인 아니마를 피할 수 있는 길인가? 폰 프란츠는 그렇지도 않다고 말한다. 너무 좋은 어머니 품에서 자란 아들은 여성적인 남성이 되거나, 거친 세상을 헤쳐 나갈 힘이 없는 무능한 남자가 된다(von Franz, 1994).

긍정적인 모성 콤플렉스의 남성은 남성이 알고 있는 익숙하고 안정적인 환경에 머무르길 원한다. 변화를 두려워한 나머지 남성은 보물을 찾아 나서는 모험을 거부한 채 어머니에게 의존하며 피터팬처럼 영원한 아이로 남아있으려 한다. 나이보다 어려 보이는 피터팬의 외모는 미숙한 심리 때문인지도 모른다. 이들은 무책임하고 배우자나 가족에 대한 의무나 책임을 지기가 어렵다. 늘 도망갈 구멍을 찾고 있다. 계획대로 사는 것이 아니라 막연하게 '그렇게 되면 좋겠다'는 환상에 빠져 있고 충동적으로 행동한다. 실존 자체가 이들에게는 감옥인 셈이다(Sharp, 1992). 결국 부정적인 모성이 아들에게 감옥이 된다.

여기서 중요한 것은 자아Ich Komplex 의 태도다. 어머니의 보살핌과 보호 안에서 자란 아들이 한 남성이 되는지, 아니면 영원히 어머니 품 안에서 아기가 되어 모든 근심을 잊고 감옥에 갇혀 살지를 자아가 결정해야 한다는 것이다. 최초의 연인이었던 어머니를 배신하면서, 어쨌든 남성은 어머니로부터 독립해야만 한다. 어머니의 아니마 유혹에서 벗어나 '한 사람으로서의 남성'이 되어야 하는 인생의 임무를 완수해야 한다.

3) 아니마를 대하는 태도

아니마의 부정적인 모습에 사로잡히지 않으려면 먼저 아니마를 존중해야 한다. 자신의 감정이나 기분, 환상을 쓸데없는 것, 나약한 것이라 치부하지 않고 진지하게 받아들이는 것이다. 기분이나 환상을 놓치지 않고 붙잡을 때, 그리고 인내심을 가지고 자신의 감정과 환상이 보내는 메시지에 귀를 기울이면 아니마는 필시 남성을 도울 것이라고 폰 프란츠는 주장했다.

둘째, 아니마 기분에 사로잡히지 않으려면 남성은 자신의 감정을 이해하고 표현할 수 있어야 한다. 그러려면 먼저 상대방이 분노하거나 거절할 때 겁먹거나 두려워하지 말아야 한다. 감정에 대한 불안에서 벗어나 불안을 이야기할 수 있고, 자신의 감정을 솔직하게 표현할 수 있다면 물귀신 같은 아니마에 잡아먹히지는 않을 것이다(Sanford, 1984). 이렇게 아니마를 돌보면 아니마는 남성이 새로운 생각을 가지고 새로운 일을 할 수 있도록 자극하고 힘을 줄 것이다(Jung, 1958).

아니무스의 두 가지 모습

여성에게 아니무스는 무엇인가? 융은 아니무스란 내면에 있는 남성성이라는 영혼의 힘으로, 간단히 말해 '의견, 사실에 관한 관심'이라고 했다. 아니무스는 지성을 일컫는데, 아니무스는 긍정적일 때는 확고한 확신과 현명한 판단으로, 부정적인 아니무스는 막무가내, 고집불통의 모습으로 등장한다. 하지만 여성에게 아니무스는 '의견'보다는 근원적인 어떤 '힘'이 더 어울린다고 에스테스는 주장한다.

1) 긍정적인 아니무스

자신의 여성성을 존중하고 돌보면, 아니무스는 긍정적인 모습으로 다가와 흔들림 없는 단단한 영혼이 되어 여성에게 주도성과 모험심, 용기, 객관성, 추진력, 판단력이라는 귀한 선물을 준다(von Franz, 1994; Sanford,

1984; Sharp, 1992). 긍정적인 아니무스는 여성이 새로운 생각을 가지고 새로운 일을 할 수 있도록 힘을 실어주는 역할을 한다(Jung, 1958).

자동차를 운전할 때 여성이 운전하는 사람이라고 한다면 아니무스는 차를 달리게 하는 힘이다. 여성이 창의력을 발휘하여 무언가를 할 때 아니무스는 그것을 어떻게 이룰지 지형을 보며 측량하고, 어떤 것이 가장 좋은지 결정하는 실행력을 발휘한다(Estés, 1994). 아니무스는 어떤 일을 할 때 결단력과 추진력이 되어 그 일이 성사되도록 이끄는 역할을 한다.

긍정적인 아니무스의 여성은 남성보다 훨씬 새롭고 창조적인 마음, 열린 마음으로 미래를 볼 수 있다고 폰 프란츠는 주장했다. 가정이라는 울타리를 넘어 보다 넓은 세상을 위한 일을 할 수 있고, 더 높은 차원의 의미를 추구할 수 있다(Sanford, 1984).

2) 부정적인 아니무스

아니무스를 더 가치 있다고 생각하는 여성은 학업같이 사고와 지식을 다루는 일이나 성취 지향적인 과업에 빠져 있다. 그러면 아니무스는 고약한 아니무스가 되어 여성의 생명력을 빼앗고 질식시켜 여성의 신체나 정신에 병이 든다(Jung, 1978).

부정적인 아니마와 부정적인 아니무스의 공통점은 주위 사람들의 실망과 경악을 불러온다는 점이다. 아니마와 아니무스에 압도당한 그 사람에게 질려버린 사람들은 결국 관계를 멀리하면서 단절한다.

무섭게 따지고 주장하는 아니무스

부정적인 아니무스는 융통성이 없고 고집스러우며, 무섭게 비난한다. 확신에 찬 자기주장은 이미 옳다고 정해놓은 듯하다. 아무도 이견을 제시할 수 없을 만큼 단호해서 그 주장대로 해야 할 것 같다. 뻔뻔하고 앞뒤 재는 것 없이 돌진하며, 큰 소리로 모든 것을 평정하는 무서운 중년여성을 융은 '아니무스의 사냥개'라 불렀다.

아니무스가 원시적일수록 비판이 아닌 비난으로, 분석이 아닌 편견으로, 사고가 아닌 망상으로, 의지 대신에 욕심으로 아니무스를 드러낸다. 이때 아니무스의 근거 없는 비판과 단호한 주장은 깊이 고민하거나 이성적으로 판단 내린 것이 아니다. 부모에게서 들었거나 어떤 권위 있는 출처를 따라 한 것일 뿐이다(이부영, 2001). "당연히 ~ 해야지", "원래 다 그런 거야"라고 일반화하는 아니무스의 주장은 지루하고 식상하다. 틀린 말은 아니지만, 마음에 와닿지도 않고 때론 그 말이 상처가 되기도 한다.

너무나 확신에 찬 판단이나 행동을 할 때 여성은 주의를 기울일 필요가 있다. 그것은 아니무스의 소행이기 때문이다(Emma Jung, 1978). 자기 생각이나 주장에 의문을 가지고, 이 생각이 누구의 것인지, 자기 생각은 어떠한지 검토할 필요가 있다.

아니무스의 냉정하고 차가운 말들은 마치 독사가 내뱉는 것 같다. 이것은 아니무스가 부정적으로 작용한 나머지 여성의 가장 소중한 가치인 공감 능력을 방해했기 때문이다. 아니무스에 사로잡힌 어머니에게 모성애를 느끼기란 어려운 일이다. 어머니는 자녀의 꼬투리를 잡고 잔소리하며 자녀에게 죄책감과 패배감, 열등감을 안겨 준다. 이 어머니 역시 냉혹한 아니무스로 인해 죄책감에 갇혀 있다(Sanford, 1984).

꺼져 버린 불씨, 추진력을 잃다

부정적인 아니무스에 갇히면 자기 욕구를 현실에서 실현하려는 내면의 원동력을 잃어버리게 된다. 결단력이나 추진력같이 힘을 내주는 불꽃이 꺼져버렸다. 영혼이 말하는 소리를 행동으로 옮길 수 없어 자기주장을 하지 못한다. '진학을 해 볼까' 마음을 먹다가도 내면의 불꽃이 꺼지는 바람에 중도에 포기한다. 무언가 하려고 작정하면 작심삼일로 끝나 버린다. 만약 어떤 일을 구체적으로 이뤄낸다 해도 그 결과에 대해 자꾸 의심이 들고 회의가 든다. 이 모든 것이 부정적인 아니무스가 하는 일이다.

부정적인 아니무스는 꿈에서 도둑이나 살인자처럼 악당으로 나타날 수 있다. 민담 「푸른 수염」[1]의 이야기는 부정적인 아니무스를 잘 보여준다. 또한 아니무스에 사로잡힌 여성을 산이나 높은 성의 꼭대기에 갇힌

---

1 샤를 페로의 동화 「푸른 수염」
숲속에 홀로 사는 푸른 수염은 여러 번 결혼했지만, 그때마다 아내가 실종되는 수상한 남자다. 푸른 수염은 세 자매 집의 막내딸과 결혼한다. 사람들은 결혼을 말렸지만, 막내딸은 푸른 수염이 좋은 사람이라며 시집을 간다. 푸른 수염은 방의 열쇠 꾸러미를 주며, 모든 방을 열어 보아도 되지만 지하실 방은 절대 열어서는 안 된다고 당부한다. 동생이 궁금해서 동생 집을 찾아온 언니들에게, 동생은 자기 집을 자랑하고 급기야 절대 열어 보면 안 된다는 그 방을 언니와 열고야 만다. 비밀스런 방에는 피와 뼈, 해골이 가득했다. 놀라서 방문을 닫은 막내는 그 방 열쇠를 숨기려 했지만, 열쇠에서는 끊임없이 피가 흘러나왔다. 푸른 수염은 금기를 어긴 막내를 죽이려 하고, 위기에 처한 막내를 오빠들이 와서 구한다.

여성 혹은 마법에 걸려 동물이 된 여성으로 표현한다.

부정적인 아니무스에 포로가 된 여성들은 유산분배 다툼을 하거나, 누군가를 모함하거나, 성공과 출세를 위해 못된 방법을 꿈꾸는 등 모종의 계략을 꾸미는 일을 한다. 또 누군가가 죽기를 꿈꾸기도 하는데, 이것이 바로 부정적인 아니무스에 사로잡힌 경우다. 영웅이 나타나 여성을 구하는 것은 부정적인 아니무스에서 벗어나 인격의 변화가 일어나는 것을 뜻한다(Von Franz, 1994).

부정적인 아니무스는 자녀를 병들게 하거나 자녀의 결혼을 파탄 내면서 자녀를 죽음으로 몰고 간다. 소위 아들 잡아먹는 호랑이가 되어 아들의 의욕을 꺾어 버리고 마비시킨다(이부영, 2001). 아니무스의 사로잡힘에서 벗어나는 것은 엄청난 고통과 인내를 감수해야 하는 어려운 일이다.

엠마 융(1978)은 남성이 아니마를 대하는 태도와 여성이 아니무스를 대하는 태도는 다르다고 했다. 남성은 아니마를 볼 때, 여성을 열등하게 여기면서 무시하는 태도를 거두고 여성성을 존중해야 한다. 반면 여성의 경우 아니무스를 대할 때 무조건 순종하며 따르는 것은 곤란하다. 여성은 먼저 여성으로서 자신의 자긍심을 세워야 한다. 아니무스 작업에서 가장 방해가 되는 것은 바로 남성에 대한 열등감과 여성 자신에 대한 무력감이기 때문이다

3

위기의 중년 부부를 위하여

아니마와 아니무스의 투사-부부 싸움

페르소나를 '자신'이라고 확신하며 동일시하면 할수록 그리고 심혼이 무의식 상태가 되면 될수록, 미숙한 인격이 되어 강렬한 투사가 일어난다. 더구나 집단적인 것은 개인적인 것보다 투사가 더 쉽게 일어난다. 페르소나나 아니마, 아니무스는 모두 집단적인 성격을 띠었다. 아니마와 아니무스의 투사가 강하면 두 사람 관계는 강렬하고 강박적 감정이 지배하는, 결코 떨어질 수 없는 관계가 된다. 그것을 사랑에 빠졌다고 착각한다.

강렬한 투사라는 덫에 걸린 두 사람은 열렬한 사랑을 하든지 아니면 무지막지한 증오로 전쟁을 치르든지, 아니면 심드렁하고 따분한 관계로 시간을 허비하면서 견뎌야 한다. 이런 관계는 그만두고 싶어도 마법이 지배하는 관계라 헤어 나올 수 없다.

대개 부부관계에서 아니마와 아니무스는 다음과 같이 등장하며 갈등을 일으킨다. 아내는 냉철한 논리로 따박따박 따지며 남편을 곤경에 빠뜨린다. 이것은 전형적인 아니무스가 등장했기 때문이다. 남편은 아내의 말에 마지못해 수긍하는 척하지만 실은 삐져있다. 남편은 아내의 공격적이고 자신을 거부하는 말투가 듣기 싫다. 한동안 말을 하지 않고 시큰둥하게 아내를 대할 예정이다. 이것은 남편의 아니마가 등장했기 때문이다. 반면 아내는 남편의 토라져 있는 모습이 보기 싫다. 두 사람의 소통은 점점 더 어려워지고 부부는 서로의 아니마와 아니무스를 투사하면서 부부 싸움이 격해진다.

부부 싸움이 본격적으로 시작되면 남편은 부정적인 아니마로 인해 감정에 압도된다. 이성을 잃고 분노와 울분에 차 있다. 감정을 폭발하면서 때려 부수고 악을 쓴다. 아내의 아니무스는 거칠고 난폭한 논리와 주장으로 상대를 무자비하게 공격한다. 남편의 성난 아니마에 기름을 붓는 꼴이다. 아니마와 아니무스의 목적은 부부관계를 난장판으로 만들어 관계를 파탄 내는 것이다.

아니마와 아니무스와의 대화

아니무스는 밖에 있는 것이 아니라 자기 안에 있는 남자다. 페르소나를 바깥세상에서 사용하는 것이 너무 익숙한 사람은 아니마와 아니무스도 바깥에 있는 것으로 착각하고 바깥세상에서 다루기 쉽다. 이러면 매우 곤란한 일이 벌어진다.

아니마와 아니무스 작업을 위해서는 먼저 자의식이 분명하게 세워져야 하고, 두 번째 부모로부터의 분리가 반드시 필요하다. 보웬[Bowen]이 자아분화라고 부른 부모와의 분리 작업은 아니마, 아니무스 작업을 위한 필수 전제 조건이다.

부모와의 분리 작업을 위해 인류 조상들은 통과의례라는 의식을 만들었다. 어른이 되기 위해서는 죽을 만큼 아픈 고통을 참는 다거나, 죽을 수도 있는 경험을 극복하는 통과의례를 거쳐야 한다. 통과의례를 무사히 거친 소년과 소녀는 이제 어머니와 별개인 성인으로서 한 사람이 될 수 있다.

융은 통과의례 의식이 사라진 점을 안타까워했다. 이것은 인류에게 불행한 일이다. 어른이 되지 못한 채 결혼한 남성은 아내를 어머니라고 착각한다. 어머니의 이미지를 아내에게 옮긴 것이다(이부영, 2001). 밖에서는 괜찮은 신사로 행동하지만, 집에만 오면 어린아이로 돌변한 남성은 마음대로 횡포를 부리는 폭군이 된다.

특히 인생 전반기에 자신의 그림자를 인식하지 못하고 제대로 돌보지 않은 사람은 인생 후반기 중년기에 들어 고약한 모습을 한 아니마와 아니무스를 만날 수 있다. 그 이유를 융은 그림자가 아니마와 아니무스를 감싸고 있기 때문이라고 했다. 중년기에 아니마와 아니무스 작업을 제대로 하기 위해서는 먼저 그림자 작업이라는 기초 공사가 선행되어야 한다.

아니마와 아니무스가 의식과 무의식을 이어주는 인도자 역할이라고 융(2007)은 주장한다. 궁극적으로 아니마와 아니무스는 전체로서의 나, 신성의 나Self 로 인도할 것이다. 이것은 태곳적부터 전해오는 영혼으로 엄청난 신비의 힘을 발휘한다.

아니마와 아니무스가 아무리 그렇다고 해도 현실에서 만나는 아니마와 아니무스는 매우 사납고 사악하다. 그래서 아니마와 아니무스는 반드시 내면에서 다루어져야 한다. 그러지 않고 '관계에서의 투사'와 같이 자신의 바깥에서 다루면, 아니마와 아니무스는 부정적으로 작동해 위험해질 수 있다고 융은 경고했다.

부부 싸움 해결 방법은 먼저 자기 내면의 아니마·아니무스와 바깥에 있는 이성을 구분하는 것으로부터 시작해야 한다. 그러려면 투사를 멈추고 '그분이 오셨구나' 하며 아니마와 아니무스를 자각하고 인식할 수 있어야 한다. 부부 각자가 투사를 하며 상대방을 탓하는 대신, 자기 아니마·아니무스를 돌볼 때 부부 싸움은 멈출 수 있다. 융은 기분이 언짢아질 때마다 아니마에게 도움을 청하면, 무의식 안에서 무언가 정리되는 느낌이 들었다고 했다.

아니마와 아니무스가 만든 감정을 부부가 서로 나누면 더 상황이 악화될 수 있다. 두 사람이 아무리 토론을 해봐야 답이 없다. 그저 시간과 에너지만 낭비할 뿐이다. 지금 감정이 콤플렉스로 인해 생긴 감정인지, 아니면 상황에 비례하는 순수한 감정인지 구분하는 것이 무엇보다 중요하다. 무턱대고 서로의 감정을 낱낱이 털어놓는 것은 바람직하지 않다.

자기 내면의 아니마와 아니무스를 만나는 작업은 외로움과 눈물을 삼키며 철저히 홀로 하는 것이다. "너 때문에 화가 난다"라고 상대방을 탓하지 않는다. 또 '그 사람은 도대체 나를 어떻게 생각할까? 그 사람의 행동은 대체 무얼 의미할까?'라는 질문을 멈춰야 한다. 대신 "나는 지금 화가 난다"라고 말하는 것이 낫다. 그리고 '도대체 나는 무엇 때문에 그렇게 했을까? 나는 그 사람을 어떻게 생각하는 걸까'라고 자신에 집중해야 한다(Sharp, 1992).

페르소나에 기울이는 노력과 똑같이 자신의 감정, 기분, 무의식적 기대와 환상을 집중력 있게, 진지한 태도로 마음의 움직임을 자세히 살피고 돌봐야 한다(이부영, 2001). 융은 아니마와 아니무스라는 내적 인격을 객관화시키기 위해 적극적 명상을 권했다.

아니마와 아니무스를 인식하는 것은 전체성으로 가는 역작力作이라고 융을 말했다. 이런 의식화 과정을 통해 의식이 확장되면 삶을 생생하고 풍요롭게 살 수 있다(Sanford, 1984).

우리가 야성으로 살려면 모성 원형에 압도되지 말아야 한다. 어머니의
딸로, 자녀의 어머니로 사는 것이 인생의 대부분을 차지하면 곤란하다.
경제적, 사회적 성공을 자기실현이라 속고 있는 여성 역시 내면으로
들어가 보면 어머니와 연결되어 있다.

4장

상처받은 딸들에게 전하는 말, 위대한 여성성을 사랑하는 방법

남성성이 과대평가 받고 여성성이 폄훼되는, 가부장 사회에서 여성이 여성성을 사랑하고 존중한다거나 마음껏 자신의 여성성을 발휘한다는 것은 어려운 일이다. 어릴 때 부모의 착한 딸이 되기로 작정한 여성은 사회에 길들여지면서, 자신의 귀한 여성성을 무의식에 처박아 둔 채 겨우 일부만 가지고 살아간다. 여성조차 모성 원형을 제대로 이해하지 못하고, 여성성의 진가를 알지 못하는 지경에 이르렀다.

가부장 사회의 남성들은 여신과 모성을 깎아내리고 뒷전으로 몰아내면서, 여성을 소외시키고 억압하였다. 이것은 여성성의 힘이 얼마나 위대하고 강력한지를 반증하는 대목이기도 하다.

이제 여성들은 자신들의 유전자 안에 꿈틀대는 엄청난 여성성의 힘을 제대로 알고, 세상을 이롭게 만들고 창조하는 데 그 힘을 사용해야 한다. 여성성을 이해하지 못하고 여성성의 강력한 힘을 자기 가족 안에서만 쓴다면, 가족이 병들 것이다. 여성성을 무시하고 남성성을 우러르며 어설프게 좇다가는 여성 자신의 삶이 망가질 것이다.

여성의 야성을 찾아서

고대 인류는 신과 인간 그리고 동물이 크게 다르지 않다고 여겼다. 사람이 개구리가 되기도 하고, 야수가 사람이 되기도 한다. 단군신화에서 곰은 신의 배우자가 되고, 그리스 신화에서 제우스는 동물로 변해 사랑을 나눈다. 이집트 신 호루스의 머리는 매이고, 여신 바스트의 머리는 고양이인 것처럼, 동물 형상으로 신을 표현했다.

동물을 신으로 숭배하는 예는 숱하게 많다. 석가모니는 하얀색 코끼리를 타고 왔고, 삼신각의 산신령은 호랑이를 데리고 다닌다. 곧 용이 될 구렁이는 집안을 지키는 수호신이며, 하늘 높이 나는 새는 신의 메시지를 전해주는 메신저다. 로마, 신성로마제국, 미국이 독수리를 상징으로 삼는 것 역시 모두 같은 맥락이다.

옛날 사람들은 인간이 머리로 얻는 지식보다 동물들의 본능 안에 살아 있는 지혜가 훨씬 깊고 넓다고 여겼다. 편협하고 왜곡된 이성을 가진 인간보다 동물들은 깊숙한 심혼의 본질을 잘 알고 있다고 믿은 것이다. 무의식에 충실한 동물은 심혼이 전하는 내밀한 메시지를 잘 알아듣고 잘 따른다. 그래서 융은 동물이 전체성을 상징한다고 보았다. 의식이 성장하려면 우선 본능에 귀를 기울여야 한다.

우리는 모성 원형이 전체성을 의미한다는 사실을 앞에서 보았다. 모성 원형에 뿌리를 둔 여성성 역시 전체성인 동물로 표현되는 경우가 있다. 마사이족은 여성의 조상이 코끼리라서 여성들이 코끼리처럼 자유롭고, 반항기가 많다고 믿는다. 예전부터 코끼리는 전체성을 상징하는 동물이었다. 코끼리는 모계 사회로 암컷끼리 공동 육아를 한다. 이모 코끼리는 누구의 새끼건 간에 서슴없이 젖을 물리고, 새끼가 위험에 처하면 코끼리 자매들은 함께 힘을 모아 대처한다. 코끼리는 지능이 높고 매우 영특한 동물로 여성과 많이 닮아있다.

늑대 역시 여성성을 상징하는 동물이다. 보름달 절벽 끝에서 하울링하는 늑대를 보라. 깜깜한 밤도, 보름달도 모두 여성성을 상징한다. 늑대의 젖을 먹고 자란 로물루스와 레물루스의 이탈리아 건국 신화, 고대 아즈텍의 늑대 젖을 먹고 자란 쌍둥이 이야기, 늑대의 후예라는 북아메리카 원주민의 신화에서 우리는 늑대가 어머니라는 것을 알 수 있다.

늑대는 유럽에서 가장 무섭고 위협적인 동물이었다. 가축을 유린하는 최상위 포식자인 늑대를 인간은 가만히 두지 않았다. 인간은 늑대를 모조리 없애는 대학살을 자행했다. 우리나라의 경우 늑대에 해당하는 것이 바로 호랑이다. 호랑이 역시 멸종 위기에 처할 만큼 인간에게는 없애야 하는 두려운 대상이었다. 늑대나 호랑이는 야성 그 자체로, 길들일 수 없는 본능을 상징한다. 사회와 절대 어울릴 수 없는 늑대와 호랑이처럼, 야성이 고스란히 살아있는 인간 본능 역시 의식에서 배제되고 억압되었다.

이집트에서 가장 무서웠던 악어와 하마가 암무트라는 신이 되었듯, 야성이 살아있어 인간의 영역 밖으로 밀려난 호랑이는 산신령이 되었다. 코끼리나 호랑이처럼 야성을 가진 여성성은 무의식이자 신 그 자체라고 볼 수 있다.

늑대와 호랑이가 인간에게 처참하게 죽어 나갔듯이, 여성 또한 마녀로 몰려 집단의 그림자를 뒤집어쓴 채 희생양이 되었다. 가부장 사회에 순종적인 여성이 만들어진 것은 마녀사냥을 통해 야성을 가진 여성들이 죄다 죽었기 때문이다.

사실 늑대의 천성은 매우 영리하고 모성애가 지극하다. 넓은 포용력으로 서로를 아껴주고 헌신하며, 동료와의 관계를 저버리지 않는다. 늑대 부부는 혹독한 환경을 함께 견디며 새끼를 키우고 평생을 해로한다. 늑대는 힘든 상황을 만나도 어떤 어려움이 닥쳐도 당황하지 않고, 유연하게 대처하는 놀라운 능력이 있다(Estés, 1994). 코끼리도 늑대도 타고난 천성은 여성성과 매우 흡사한 모습을 가지고 있다.

늘대의 뛰어난 적응력과 대처 능력처럼 여성성은 남성성에 비해 역가 (potency)[1] 가 높은 편이다. 상황 대처 능력이 뛰어나고, 역경에 굴복하지 않고 살아간다. 전쟁 후 사회가 다시 살아날 때, 회복을 주도하는 것은 바로 불굴의 여성성이다.

여성성 안에는 코끼리나 늘대처럼 야성이 살아있다. 이때 야성(wild) 은 거칠고 야만적이라는 뜻이 아니라 자연의 섭리를 알고 따르는 것이라고 에스테스(1994)는 주장한다. 야성으로 산다는 것은 무의식을 존중하고 따르며, 신에게 선물 받은 여성성을 충분히 누리며 사는 것을 말한다. 생명력이 넘쳐나는 야성의 여인은 사회적인 시선이나 남들의 평가 따위에는 전혀 신경을 쓰지 않는다. 그야말로 자기식대로 산다.

야성의 여성은 어릴 적부터 남다른 면이 있다. 호기심과 재주가 많고 생각이 기발하며 자기주장을 거침없이 해댄다. 이 유별난 야성의 딸을 귀하고 특별하게 대하는 부모는 거의 없다. 골치 아픈 아이로 생각하며 딸의 야성을 야단치기 일쑤고, 뜯어고치려 한다. 미운 오리 새끼는 바로 야성으로 태어난 자녀를 의미한다. 외롭고 처량하지만, 야성의 딸은 백조라는 사실도 잊지 말아야 한다.

태어날 때부터 선물 받은 천부적인 재능인 여성성을 잃고 무의식과의

---

1   역가는 원래 약리학 분야에서 사용하는 개념이다. 주어진 강도의 효과를 생성하는 데 필요한 양이라는 뜻이다. 즉 potency는 잠재력, 수용할 수 있는 힘을 말한다.

연결이 차단된 채 병들어 가는 여성이 너무도 많다. 여성성을 충만히 누리며 사는 여성이 과연 얼마나 될까? 어쩌다 여성은 야성을 잃어버렸을까?

야성을 잃어버린 이유

그 이유를 들면 제일 먼저 여성성을 무시하고 얕보는, 거대하고도 막강한 가부장적 사회 구조와 이데올로기를 빼놓을 수가 없다. 이 거시적 구조 안에서 딸의 여성성을 지켜주기에는 부모 역시 속수무책이다. 두 번째 이유로 가부장적 사회에서 굴복당한 어머니가 있다. 어머니 자신도 가부장 사회 안에서 야성이 손상당했다. 어머니는 야성의 딸에게 모델이 되지 못할 뿐만 아니라, 야성의 딸을 키워내지도 못한다. 셋째, 거대한 담론 안에 있는 아버지도 마찬가지다. 아버지는 딸을 '아버지의 딸'로 키우면서 마치 남성 사회에서 성공할 것처럼 환상을 불어넣지만, 결국에는 이 또한 여성성을 훼손한다.

여성을 폄훼하는 사회, 편리함을 쫓는 사회

남성들은 직관이라는 엄청난 능력을 가진 여신을 무척 두려워했다. 남성들이 부와 권력을 가지게 되자 공포에 가까울 정도로 무서운 여신부터 내치기 시작했다. 대표적인 예가 뱀의 상징이다.

고대 인류는 뱀을 모성신을 대표하는 상징이라고 보았다. 뱀이 허물을 벗고 다시 젊음을 회복하는 생명력에 무한한 경외를 표한 것이다. 고대 여신의 모습에 뱀이 등장하는 것은 매우 흔한 일이다. 석가모니의 해탈하는 장면에서도 대지의 신인 뱀이 축복을 내린다. 뱀이 모성신이자 치유의 신이라는 것은 오늘날도 이어지는데, 헤르메스의 지팡이, 의학의 신의 상징, 세계보건기구[WHO]의 상징으로 뱀이 등장한다.

<사진4-1> 뱀을 든 여신
(출처 : 크레타 이라클리온 고고학 박물관)

<사진4-2> 헤르메스 지팡이, 카두케우스
(출처 : 나무위키)

<사진4-3> 세계보건기구 휘장
(출처 : 위키백과)

하지만 가부장제가 확립된 이후 기록된 기독교 구약성경에서는, 뱀을 악마화하며 혐오의 대상으로 만들었다. 하와와 뱀 그리고 에덴동산에서 쫓겨난 것을 모두 남성의 관점에서 의미의 중요성을 깎아내렸다고 융은 주장한다.

다산과 풍요를 상징하는 여성의 몸을 폄훼하기 위해 여성의 육체를 유혹하는 몸, 정화해야 하는 몸, 남성의 통제를 받아야 하는 몸이라고 겁박했다. 직관이 감정으로부터 시작되는 것을 안 남성들은 여성의 감정을 나약하고 의존적이며 쓸데없는 것이라고 업신여겼다. 또한 여성의 호기심과 창조성은 사고를 일으키는 위험한 것이라 함부로 썼다가는 처벌받는다고 가르쳤다.

딸을 낳은 어머니는 남편과 시집에 면목이 없다. 그래서 여성의 내면에는 딸로 태어난 것에 대한 서러움과 사랑받을 자격이 없다는 존재의 무가치함이 있다. 이런 분위기에서 야성의 딸이 살아가기란 무척 힘든 일이다. 야성의 딸을 환영하는 부모도 없고, 여성 자신조차도 자기 야성을 홀대한다.

융은 편리하고 풍요로우며 즐거움이 가득한 세상에 젖어버리면, 야성을 잃어버리고 영혼이 파괴되기 쉽다고 주장했다. 착하고 아름다운 현모양처라는 사회규범에 묶여 있거나, 세상이 좋다고 하는 것을 마냥 좇거나 오라면 오고 가라면 가는 여성은 부모에게 착한 딸인지는 모르지만, 정작 자신에게는 못된 여성이다. 자기 색깔도, 자기 목소리도, 자기 욕구도 잃어버리고 참고 사는 여성에게 더 이상 희망을 걸 수 없는 야성은 결국 여성의 곁을 떠난다.

권력과 재력, 화려함과 빛남, 편리함과 안락한 길을 택할지, 아니면 자신의 야성으로 자신만의 인생을 개척해야 할지 고민하는 순간이 있다. 여성은 이제 안전과 자유 가운데 하나를 선택해야 한다. 안전을 택하면 이점이 많다. 반대를 무릅쓴 투쟁을 할 필요도 없고, 부모의 기대를 저버리는 못된 딸이 되지 않아도 된다. 자유보다 안전을 택하는 편이 훨씬 편해 보이고 순탄해 보인다. 야성의 삶은 척박하고 고달파 보여, 자유를 선택하기란 그리 쉬운 일이 아니다. 하지만 세상의 즐거움을 따라 가게 되면, 치러야 할 혹독한 대가가 있다. 바로 야성이 주는 영적인 지혜를 잃어버리는 것이다.

야성을 잃어버린 어머니, 자기 딸도 외면하다

야성을 잃어버린 두 번째 이유는 야성을 잃어버린 어머니 밑에서 자랐기 때문이다. 야성을 잃어버린 삶은 이렇다. 걸핏하면 화가 나고 우울하며 혼란스럽다. 인생이 무기력하고 허무하며 재미라곤 없어 살맛을 잃었다. 야성을 잃어버린 여성은 자기 목소리를 낼 줄 모른다. 그래서 자기 삶을 꾸려갈 힘이 없다. 자신이 무엇을 할 수 있을까 하는 의심마저 든다. 설령 무슨 일을 한다고 해도 추진력을 잃은 나머지 도중에 흐지부지되고 만다. 이런 것들은 모두 세상에 자신을 맞추느라 자기 삶과 꿈을 포기한 결과다.

살아있다는 생생한 기분을 잃은 여성은 무언가에 강박적으로 집착한다. 마약, 술, 성, 쇼핑같이 무언가를 할 때만 살아있는 것 같다. 아니면 누군가에 집착하면서 관계 중독에 빠져 있다. 자신의 연장선이자 자기 소유물인 남편이나 자녀만 애꿎게 괴롭힌다. 자아가 약한 나머지 다른 콤플렉스가 주인 노릇을 하기 일쑤고, 에너지를 구해야 할 여성성이 차단되어 영혼이 메말라 푸석푸석하다. 몸도 망가져 걸핏하면 아프고, 안 아픈 곳이 없다.

이렇게 여성성을 잃어버린 여성들이 자주 꾸는 꿈이 있다. 다치거나 불구가 된 동물 꿈이다. 여성성을 상징하는 동물이 다쳤다는 것은 여성성이 손상되었다는 것을 의미한다.

어머니가 야성을 잃어버리면 딸의 야성을 지켜주기는커녕 딸의 야성을 용납할 수 없다. 오히려 야성의 딸을 불안의 눈으로 쳐다보며 걱정한다. 한술 더 뜬 어머니는 야성의 딸을 질투하며 미워하기도 한다.

야성의 딸은 미워서 미움을 받는 것이 아니라 어머니와 다르다는 이유로 미움을 받는다. 어쩌면 그녀는 어머니와 생물학적 유전자만 같을 뿐 전혀 다른 별개의 종족일 수 있다. 만약 부모와 형제자매, 동료에게 소외되었다면, 그것은 자신이 야성의 딸이라는 증거다(Estés, 1994). 부모가 야성을 이해하지 못하거나, 부모가 야성대로 살지 못해서 일어난 일일 뿐, 야성의 딸이 잘못된 것이 전혀 아니다. 부모의 인정과 사랑보다 더 중요한 것은 자신의 야성임을 잊지 말아야 한다.

아버지의 딸이 되기로 작정하다

야성을 잃은 어머니를 보면서 딸은 어머니처럼 살지 않겠다고 다짐한다. 어머니처럼 희생과 헌신이라는 위대한 모성이라는 명분에 자신을 내던지고, 지친 얼굴로 푸념하는 여성으로 살고 싶지 않다. 그 대신 아버지의 딸이 되기로 작정한다.

아버지의 딸은 힘, 성공, 논리라는 남성성은 가치로운 것인데 비해 관계, 수용, 감정이라는 여성성은 무가치하고 하찮다고 여긴다. 남성의 사고(로고스)를 과대평가하며, 여성의 감정(에로스)을 과소평가한다. 그러면서 여성이 가지고 태어난 모성과 여성성은 서서히 생명력을 잃는다.

실제로 많은 성공한 여성들이 자신은 어머니의 딸보다는 아버지의 딸이었다고 말한다. 아버지의 딸들은 이상, 권위, 독립, 돈과 명성같이 남성집단이 추구하는 가치를 추구하면서 산다. 성공한 여성 뒤에는 딸이 존경과 인정을 받을 충분한 자격이 있다는 것을 믿어 준 아버지, 딸의 재능을 키워주고 격려해 준 아버지가 있었다. 아버지와 좋은 관계를 맺은 딸은 아버지 눈으로 세상을 보고, 아버지의 가치를 존경의 마음을 가지고 이어간다. 이때 아버지의 딸을 향한 인정과 수용은 딸의 긍정적인 자아상으로 이어진다(Murdock, 1990).

아버지의 딸들은 모두 전쟁의 신 아테나다. 제우스의 머리에서 태어난 아테나는 자신을 어머니 딸이라고 여긴 적이 단 한 번도 없었고, 오로지 제우스만이 유일한 부모라고 여겼다.

아버지의 딸들은 대체로 어머니와 관계가 좋지 않았다. 나약하고 의존적이며 감정에 질척대는 어머니를 닮지 않으려 딸들은 기를 썼다. 이런 이분법은 반드시 문제를 만든다. 아버지의 딸은 아버지와 지나치게 동일시를 한 나머지 아버지를 우상처럼 여기면서, 아버지가 나쁜 어머니로부터 자기를 구해 줄 거라고 착각한다.

아버지에게 제대로 인정과 격려를 받지 못한 아버지의 딸도 있다. 딸은 자존감에 심각한 상처를 입고 어떻게 해서든 아버지의 사랑과 인정을 받으려 한다. 딸은 아버지의 요구를 맞추느라 완벽주의자가 되어 일에 미쳐 있다. 마치 브레이크가 파열된 자동차처럼 앞만 보며 달리기만 한다. 온통 일에 관한 생각으로 꽉 차 있는 머리는 감정이나 가족을 헤아릴 여유가 없다. 이렇게 자기 몸과 마음을 학대하는 이유는 여성의 내면에 깊은 열등감이 있기 때문이다.

제대로 역할을 해내지 못하는 아버지에게 화가 난 여성 역시 마찬가지다. 아버지의 무능함에 분개하고 실망하면서, 자기 스스로 아버지가 되기로 했다. 가장처럼 굴면서 어머니와 가족을 구하려 하는데, 이것은 부성 콤플렉스가 자아 콤플렉스를 압도한 결과다. 여성은 자신이 집안의 대들보이자 영웅이라고 착각한다. 자기 능력을 초과하면서 야심 차게 일한 여성은 결국 성공을 쟁취한다. 하지만 아무리 영웅이 되어 다른 남자들을 제치고 엄청난 성공을 거둔다 해도 여성은 성에 차지를 않는다. 이것 또한 깊은 열등감이 저지른 일이다.

여성성을 하찮게 여긴 나머지 여성들은 감정이나 관계에서 어려움을 겪는다. 곁에 있는 사람들은 그녀를 욕심으로 터져버릴 것 같은 괴물이라고 느낀다. 아버지의 딸은 주위 여성들을 죄다 한심하게 여기며 무시한다. 이것은 자신의 여성성을 무시했기 때문에 일어난 일이자, 자신의 여성성을 무시한 행동이다. 그래서 이런 여성들은 여성 관련 질환에 시달릴 수 있다.

아니마는 객관적이 되는 것, 일반화되는 것을 질색한다. 여성성은 아니무스처럼 분명하거나 똑 부러지는 것이 아니다. 두루뭉술하고 우유부단할 정도로 분명치 않다. 논리나 이성이 아니라 자기 기분과 예감에 따라 마음의 문을 여는 것이 아니마다. 여성성을 무시하고 거부하며, 경쟁적으로 목표를 향해 앞만 보고 달리는 성취 지향적인 여성을 아니마가 마음에 들어 할 리 없다. 아버지의 인정을 받든 받지 않든, 아버지의 딸이 된 여성들은 자기 여성성을 내동댕이친 바람에 이제 혹독한 대가를 치러야 한다.

엠마 융(1978) 역시 로고스에 빠진 나머지 자신의 여성성을 희생시키는 여성들을 걱정했다. 자신의 여성성을 무시하고 하찮게 여기는 여성은 결국 자신의 아니무스를 부정적으로 만든다. 부정적인 아니무스는 여성을 해치고 타인과의 관계를 파탄 내면서 여성의 삶을 부숴버린다.

시간이 지나갈수록 여성은 황폐해져 간다. 아들로 태어나지 못한 한을 풀기 위해, 남성을 이기기 위해 부단히 달려왔지만, 자기 영혼이 기뻐하지 않다는 것을 알기 시작한다. 하지만 여성은 지금껏 달려왔던 남성의 삶을 어떻게 해야 빠져나오는지 알 길이 없다.

융은 여성이 남성을 좇아 따라하거나, 무의식 속에 있는 열등한 남성과 동일시하게 되면, 결코 여성의 내면에서 일어나는 창조적 과정을 이루기 어렵다고 주장한다. 아버지의 딸로 살다가 배신을 당한, 야성을 잃어버린 딸은 결국 끝없는 추락의 길로 들어선다.

폰 프란츠는 남성의 영역에서 사는 여성을 걱정했지만, 정작 자신은 상담이나 강연, 저술 등 외부 활동을 왕성하게 했다. 그런 자신을 폰 프란츠는 아니무스 - 여성이라고 불렀다. 그러나 폰 프란츠는 여름과 겨울 긴 휴가 동안, 깊은 내적 성찰의 시간을 늘 가지곤 했다. 외부 활동을 얼마나 많이 했는가보다 다 중요한 것은 내면으로 들어가 성찰하였는가다.

야성을 잃어버리게 되면

직관이라는 영혼의 지혜를 잃다

여성성을 중요하게 생각하지 않고, 자신의 감정을 소홀하게 대하는 여성은 야성을 잃기 쉽다. 여성성의 가장 보물 같은 것이 직관이다. 감정은 직관으로 향하는 길을 안내하고 촉진하는 역할을 한다. 감정이 무디거나 감정을 홀대하면 직관이라는 영혼의 목소리를 들을 수 없다. 만약 영혼의 야성의 외침을 무시하면 어떻게 되는가? 한마디로 말하면 그 사람이라고 말할 수 있는 감정, 사고, 행동이 영혼과 연결되지 못하고 차단되어 꽉 막혀있는 상태가 된다. 본능과 단절되어 에너지도 얻지 못한 채, 여성은 불안 덩어리가 된다.

야성을 잃으면 결정적으로 중요한 순간에 잘못된 선택과 판단을 한다.

여성은 자기에게 해가 되는 나쁜 것을 고른다. 자신과 어울리지도 않은 남자를 만나 덜컥 임신하든지, 임신을 이유로 신중하지 못한 결혼을 한다. 보다 편하고 안락하게, 더 멋있고 쉬운 삶을 선택하며 황금마차에 덜컥 타는 순간 여성은 영혼을 잃으면서 여성의 삶이 망가진다. 황금마차는 곧 고통과 속박이라는 감옥으로 변할 것이다.

이렇게 야성이 훼손되고 자기로 살지 못하면 다른 원형들이 자기를 대신하여 주인 행세를 한다. 모든 원형은 '나Ich komplex'를 중심으로 연결되어 사용해야 한다. 어떤 원형이든 '나'를 넘어서거나 커지면 곤란하다. 자기가 놓은 덫에 걸린 여성의 내면에는 매춘부 원형과 강간 원형이 작동된다.

아내라는 이유로 남편의 요구를 거절하지 못하는 여성은 원하지 않은 성관계를 할 때마다 강간 원형이 작동된다. 아내로서의 의무감, 버림받을지도 모른다는 불안감, 착한 여자가 되어야 한다는 강박관념으로 관계에 응한다. 몸이 전혀 기뻐하지 않고 오히려 고통스러워할 때도, 남자가 억지로 낙태를 강요할 때도, 강간 원형은 작동된다. 강간 원형이 활성화된 여성은 자신도 폭력적인 침범을 한다. 자녀의 신체적·심리적 경계를 마음대로 허물며 들어간다(Northrub, 1998).

남자가 미워도 경제적 문제나 어떤 사정으로 헤어지지 못하고 마지못해 사는 여성이 많다. 화가 나고 억울해도 참고 사는 것 외에는 달리 다른 방도가 없다. 이 여성은 매춘부 원형에 사로잡혔다. 직감을 잃은 여성에게는 강간 원형과 매춘부 원형이 나란히 놓여 끊임없이 돌아가면서 여성의 삶을 망가뜨린다.

여성의 야성을 심각하게 훼손하는 원형이 또 하나 있다. 바로 치유자 원형인데, 여성이 치유자 원형을 자기 자신과 너무 동일시하게 되면 문제가 일어난다. 지혜, 선, 지식, 간호와 관련된 치유자 원형은 엄청난 힘을 가지고 있어서 이 원형과 관계를 잘 맺으면 큰 도움이 된다. 하지만 이 원형을 자신이라고 착각하면 야성이 손상된다. 어릴 때부터 '모든 것을 치유하고 바르게 잡아야 한다'라는 강박관념을 갖게 되면 끊임없이 타인을 돌보면서 야성이 사라지고 본질을 제대로 꿰뚫어 보지 못한다(Estés, 1994).

만약 어떤 원형이 '나'를 대신하여 주인 행세를 하면 어떻게 해야 하는가? "여기까지만 하자. 그만하면 되었다" 하며 한계를 설정하고 그만 멈추어야 한다.

여성성을 파괴하는 악당을 만나다

자신의 야성을 포기한 채 자기 삶을 살지 않은 여성들이 곧잘 꾸는 꿈이 있다. 집에 악당이나 괴한, 강도 혹은 적군이 쳐들어오는 꿈이다. 겁에 질린 여성이 경찰에 신고하려 해도 통화가 되지 않거나, 숨더라도 숨을 곳이 없어 금방 들통이 난다. 심장이 터질 것 같고 숨이 멎을 것 같은 공포를 느낀다. 비명을 지르기도 하는데 이런 신체의 반응은 지금 위기에 처했다는 것을 알려주고 있다.

자신이 원하는 삶 대신 타인에게 맞추는 삶을 사느라 에너지가 바닥났을 때, 그 결과 야성을 잃어버렸을 때 악당이 등장하는 꿈을 꾼다. 이런 꿈을 꾸지 않은 여성은 거의 없다. 이 꿈은 여성이 지금 위험에 처했다고, 지금껏 살아온 삶을 그대로 살면 큰일이 날 거라고, 삶에 변화가 절실하다는 일종의 경고하는 꿈이다. 또 여성에게 무의식에 있는 소외된 기능을 다시 살려내라는 메시지이기도 하다.

악당이 있다는 것을 뻔히 알고도 가만히 두거나 안이하게 대하면, 악당의 힘은 점점 세져 결국에는 악당에게 잡아먹힐 수 있다. 악당은 여성이 내면을 인식하지도 못하게 만들고, 여성의 꿈과 희망을 망가뜨린다. 샤를 페로의 동화「푸른 수염」에서 푸른 수염은 여성의 야성을 잡아먹는 천적을 의미한다(Estés, 1994).

야성을 잃어버린 여성은 남편 탓을 하며 원망하지만, 사실 악당은 바로 여성 자신이다. 비밀스러운 방에 쌓인 해골은 푸른 수염에게 희생당한 여성성을 뜻한다(Estés, 1994).

죽음의 늪으로 추락하다

야성을 무시하며 야성대로 살지 못하는 여성을 야성은 좌시하지 않는다. 자기 삶을 꾸리지 못하는 상황을 야성은 용납하지도, 여성을 용서하지도 않는다. 경고를 계속 무시하면, 결국 여성은 깜깜한 죽음의 늪으로 끝없이 추락하게 된다.

삶이 추락하는 경험은 대개 엄청난 상실에서 비롯된다. 자녀, 배우자,

부모를 죽음으로 잃을 때, 목숨처럼 여겼던 역할을 그만둘 때, 병들거나 사고를 당했을 때, 경제적으로 망했을 때 일어난다. 여기에는 어마어마한 분노와 좌절감, 절망, 환멸, 혼란스러움이 동반된다.

추락하는 그곳은 세상과 단절된 마치 진공상태와 같다. 위로의 소리도 들리지 않고, 해야 하는 일도 없고, 하고 싶은 것도 없다. 모든 것이 다 의미를 잃고 오로지 홀로 감옥에 갇힌 느낌인데, 그 누구도 자신을 감옥에서 꺼내줄 수 없다. 우울증이라고 불리는 이 병에 걸리면 넋을 잃고 마치 삶을 포기한 것처럼 보인다. 이 여성은 지금 죽은 자들의 뼈가 널부러진 세상 가장 깊은 심해 바닥에 있기 때문이다.

여성은 지금 존재의 근원인 심해에서 자신에게 돌아가는 길을 찾고 있다. 특히 남성 세계에서 성공을 자신이라고 착각한 여성일수록 죽음의 늪에 더 깊이, 더 오래 혹독하게 침잠하는 경향이 있다. 이때 여성은 남성 세계와 이별하며 오로지 자신에게만 몰두해야 한다(Murdock, 1990). 산산이 깨진 여성성과 자신을 다시 맞춰야 한다.

뉴멕시코 산악지대에 삶과 죽음을 주관하는 여신 라로바가 살고 있다. 라로바는 사막에서 온갖 동물 뼈를 주우러 다니다, 밤이 되면 동굴에서 주운 늑대의 뼈를 맞춘다. 라로바는 노래를 부르며 한쪽 손은 뼈를 맞추고, 나머지 한쪽 손은 춤을 춘다. 뼈를 맞춘 후 라로바가 노래를 부르면, 늑대의 뼈에 살이 돋아나고 숨을 쉬면서 늑대가 다시 살아난다. 죽음의 늪으로 추락한 여성은 지금 내면의 라로바에 의해 다시 살아나는 중이다.

이때 자신이라고 알고 있고 믿어왔던 모든 것이 철저하게 파괴되고 죽어야 한다. 이제 여성은 머리가 아닌 몸과 마음으로, 라로바의 힘을 빌어 새로운 자신을 창조해야 한다. 가짜 영웅 행세를 하면서 아버지의 딸로 사느라 무의식에 처박아 놓은 자신의 신체, 감각, 감정, 영혼을 처음으로 돌아가 퍼즐 조각을 맞추듯 하나하나 이어 나가면서 직관에 생명력을 불어 넣어야 한다.

4

야성의 여인으로 살아가려면

우리가 야성으로 살려면 모성 원형에 압도되지 말아야 한다. 어머니의 딸로, 자녀의 어머니로 사는 것이 인생의 대부분을 차지하면 곤란하다. 경제적, 사회적 성공을 자기실현이라 속고 있는 여성 역시 내면으로 들어가 보면 어머니와 연결되어 있다. 어머니처럼 살지 않겠다는 소망으로 사는 아버지의 딸처럼, 혹은 어머니 대신 자기가 어머니의 꿈을 이루면서 어머니의 자랑이자 기쁨이 되려는 경우가 적지 않다. 결국 근본적인 동기는 자신이 아니라 어머니다.

첫 번째 과제- 영혼의 고향, 무의식으로

마음이 고달프고 살아갈 동력을 잃었을 때, 스트레스가 극에 도달한 나머지 버티기 힘들 때, 우리는 어떻게 하는가? 많은 경우 외부의 다른 것에 의존하면서 해결하려고 하는데, 대체로 두 가지 방법을 사용한다. 그중 하나는 일을 열심히 하든가, 술을 마시면서, 외부의 무언가에 빠지는 것으로 힘든 일을 잊으려 한다. 두 번째 방법은 사람을 만나 위로를 얻으면서 난관을 극복하려 한다. 그래서 많은 사람이 친한 친구를 불러내 술을 마시며 친구에게 위로받는다. 이런 방법들이 과연 효과적일까?

스코틀랜드 북부, 페로 제도, 아이슬란드 지역에는 오래전부터 전해오는 「셀키[2]」 일명 물개 여인이라는 민담이 있다. 「선녀와 나무꾼」 이야기처럼 물개 여인은 외로운 어부에게 자기 물개 가죽을 도둑맞았다. 이 이야기는 삶의 이끌어갈 기운을 잃은 사람들을 위한 이야기로, 가장 지혜롭고 현명한 방법을 제안한다.

물개 여인에게 가죽을 잃었다는 것은 무의식과의 연결이 끊어졌다는 의미이고, 여성성을 잃었다는 뜻이다. 물개 여인처럼 자기 가죽이라는 영혼을 잃어버리고 병들고 노쇠한 여성은 도처에 있다. 여기서 물개 가죽은 무의식과 본능, 여성성을 상징한다. 물개 여인처럼 어디에 갇힌 듯한 답답

---

2   민담 「셀키-물개 여인」
 어부에게 가죽을 도둑맞은 셀키는 바다로 돌아가지 못하고 어부와 결혼하면서 아이를 낳았다. 바다로 돌아가지 못한 셀키는 기력을 잃고 병들면서 죽어간다. 불행한 결혼 생활을 하던 셀키에게 아들은 가죽을 찾아주고, 다시 가죽을 입은 셀키는 바다로 돌아가 영영 돌아오지 않았다.
지역마다 이야기의 결말은 조금씩 다르다. 1) 바다로 돌아간 셀키가 다시는 돌아오지 않았다, 2) 바다로 돌아간 후에도 셀키는 바닷가에서 자녀들과 놀았다, 3) 바다로 돌아간 셀키가 바다에서 어부를 만날 때마다 물고기를 가득 잡게 해준다. 4) 화가 난 어부는 바다로 돌아간 셀키의 남편과 셀키 자식들을 모두 죽이고 셀키는 어부에게 복수를 한다

한 느낌이 들거나 덫에 걸린 느낌이 든다면 그것은 야성이 보내는 메시지일 수 있다. 야성이 여성에게 중대한 결심을 요구하는 순간이다.

물개 여인은 물개 가죽을 찾아 다시 지혜와 영혼의 근원인 무의식이라는 바다로 돌아갔다. 물개 여인은 어머니로만 살지 않고 자신의 무의식에 충실하기로 작정한 것이다. 우리도 이렇게 용감한 결단을 내릴 필요가 있다. 자기 어머니를, 자녀를, 배우자를 버스에 두고 혼자 내리자. 어머니가 내 삶의 전부는 아니다. 고향으로 돌아가 자신 고유한 모습대로 살 필요가 있다. 이때 방점은 가족을 버리는 것이 아니라 자신의 무의식을 찾아가는 것이다.

영혼의 고향인 무의식은 태초의 완벽한 아름다움을 가진 본능 그대로의 세계다. 감수성이 예민한 사람일수록 치유가 필요한 사람일수록 영혼의 고향에 자주 가고, 오래 머무는 것이 좋다(Estés, 1994).

여기서 고향이란 특정 장소를 말하는 것이 아니다. 고향은 공간보다는 시간을 의미한다. 아무도 방해하지 않는, 고향처럼 편히 쉴 수 있는 그곳인 무의식으로 내려갈 기회를 마련하자는 것이다. 영혼의 고향으로 돌아가려면 어떻게 해야 하는가? 고향으로 갈 수 있는 통로가 있다. 마음을 울리는 음악이나 춤, 그림을 만날 때, 떠오르는 태양을 바라볼 때, 쓸쓸해지는 그 순간 통로가 생긴다. 그 통로로 쑥 들어가면 무의식이라는 고향이 나온다(Estés, 1994).

많은 축제나 제의에서 북을 치고 춤과 노래를 부른다. 노래와 춤은 예전부터 영혼을 위로하는 행위이자 영혼을 부르는 의식으로 우주의 충만한 에너지를 표현한 것이다. 인간에게는 표현하고자 하는 본능이 있다. 말보다 몸은 무의식을 훨씬 잘 표현한다. 무슨 말을 어떻게 해야 할지 모르는 내담자에게 손으로 하는 모래놀이치료가 접근이 쉬운 것도 같은 맥락이다. 손으로 그린 그림이란 그림자와 자신의 영혼을 한 장 안에 표현할 수 있는 기가 막힌 방법이다.

고향에 가는 또 다른 방법은 바다나 산 같은 자연을 찾는 것이다. 죽음의 바다로 추락한 여성이 기력이 떨어져 아무것도 하기 싫지만, 유일하게 하고 싶은 일이 있다. 오로지 자연을 만나는 것, 그것 한 가지다.

홀로 외로이 쓸쓸함에 젖어 있을 때, 그 순간은 무의식을 만날 수 있는 좋은 통로가 된다. 또 고독은 무의식을 만날 때 취해야 할 태도이기도 하다. 우리 조상들은 고독을 매우 소중하게 여겼고, 일부러 홀로 쓸쓸하게 있을 시간을 마련했다. 왜냐면 고독은 일상생활에서 지친 영혼을 치유해 주는 강력한 힘이 있기 때문이다. 유배라는 떠돌이가 연금술과 같다고 융은 주장했다(Estés, 1994).

여성의 몸은 신비로워서 홀로 고독에 빠질 수 있는 시간이 매달 주기적으로 찾아온다. 바로 월경 기간이다. 배란기가 세상을 바라보고 나가는 시기라면, 월경 기간은 자기 내면으로 향하는 시기다. 월경 기간에는 유난히 몸과 마음이 힘들고 예민해진다. 그것은 무의식을 만날 수 있도록 신이 여성의 몸을 오묘하고 섬세하게 설계했기 때문이다. 월경 기간에 는 바깥세상으로 향했던 관심과 에너지를 거두고, 자기 내면으로 집중할 필요가 있다.

월경 기간은 그동안 감추어졌던 삶에서 힘들고 어려웠던 부분이 수면 위로 떠오르는 시기이다. 고독과 함께 무의식에 귀를 기울이면 그동안 해 결하지 못했던 일을 반추할 수 있고, 알아채지 못했던 감정을 자각할 수 있다. 또한 그것을 변화하게 하는 힘을 발견할 수 있는 시기이기도 하다. 이 기간에는 꿈도 더 생생하다고 한다. 월경 기간은 의식과 무의식 사이 를 오갈 수 있는 황금 같은 시기다(Northrub, 1988).

명상 또한 무의식이라는 고향에 이르게 하는 통로다. 호흡할 때 배의 부름과 꺼짐에 집중하는 좌선과 걸을 때 발에만 집중하는 행선으로 이 루어진 위빠사나는 무의식을 만날 수 있는 오묘하고도 놀라운 방법이 다. 오로지 몸에만 집중하고, 사고는 오로지 몸에서 일어나는 현상을 관 찰만 한다. 몸, 침묵, 고독, 자각과 깨어있음을 강조하는 위빠사나는 자아 콤플렉스가 튼튼해야 가능하다.

두 번째 과제-그림자 수용하기

야성의 여인으로 살려면 자신의 그림자를 인식하고 받아들일 줄 알아 야 한다(Estés, 1994). 콩쥐 팥쥐, 신데렐라, 백설 공주의 이야기에는 하나 같이 좋은 생모가 일찍 죽는다. 있으나 마나 한 아버지는 새장가를 들고, 못된 계모와 의붓딸이 주인공을 못살게 군다. 이때 계모와 의붓딸은 주인공의 그림자를 의미하는데, 자기 것이라고 인정하기 어려운 부분인 그림자가 계모와 의붓딸로 표현된 것이다. 원래 콩쥐와 팥쥐는 같은 한 사람이다.

야성으로 살려면 자신 역시 계모와 의붓딸처럼 사람에게 함부로 하고 질투하며 욕심을 부리는 못 돼먹은 구석이 있다는 것을 인정해야 한다. 그림자의 존재를 알아야 그림자를 돌볼 수 있고 그림자를 의식에 통합할 수 있다.

자신이 착하고 선하다는 착각에 빠지면 그림자를 인식하거나 그림자를 인정하기 어렵다. 잔혹한 모성 원형을 이해하지 못할 뿐만 아니라, 자아가 태어나려면 부모를 살해해야 한다는 심리적 사실도 알 수가 없다. 현실은 잔혹한 심리적 사실보다 몇 배로 더 힘들고 잔인하다. 이들은 어려울 때마다 부모라는 온실로 도망가기 바빠, 현실을 맞닥뜨릴 기회도 없고 용기도 없다.

계모는 또 사회가 딸에게 바라는 덕목, 기준을 상징한다. "이래라 저래라, 마음에 든다, 안 든다"며 자신에게 맞추라고 요구하는 사회적 관습같은 초자아를 계모라고 표현한 것이다. 우리가 사는 현실은 사실 '계모' 그 자체라고 말할 수 있다.

착하면 착할수록 여성에게 돌아오는 것은 가혹한 학대와 억울함뿐이다. 자신을 인정해 주지 않은 세상이 가혹하기 짝이 없다. 그러면 부모가 인정해 줄 때까지 더 많이 노력해야 하는가?

그것보다는 '더 이상 하기 싫다, 이만하면 충분하다'라며 씩씩대는 자신 내면의 외침을 듣는 것이 훨씬 이롭다. 세상에 버려진 느낌, 유난히 신의 축복이 자신만 피해 간다는 느낌이 든다면 그것은 바로 영혼을 변화시켜야 한다는 뜻이다. '그만 야성으로 돌아오라'라는, 신이 전하는 사랑의 메시지다.

세 번째 과제- 야성의 어머니 품으로

아무리 야성이 살아있는 어머니라 해도 야성의 딸을 잘 키우기란 쉽지 않다. 어머니 혼자서 할 수 없는 것이 너무나 많다(Estés, 1994). 천주교의 대모처럼, 불교의 상자처럼 젊은 어머니를 도와 줄 지혜로운 연장자가 필요하다.

그러나 오늘날 여성은 책과 인터넷을 뒤지며 혼자 감당해야 한다. 부러움과 시샘을 불러일으키고 과시하려는 욕심이 가득한 SNS가 어머니를 대신하는 요즘이 더 가혹하게 느껴진다.

야성을 잃은 어머니는 모성 원형에 휩싸인 나머지 딸의 성공과 독립을 바라지 않는다. 딸의 성공은 세상에 자랑할 때나 훈장처럼 사용될 뿐, 어머니는 딸의 능력이나 성취를 비웃고 무시하며 깎아내린다. 어머니는 시기와 질투의 화신이 되어 딸을 미워한다. 더구나 딸이 성공해서 자신의 곁을 떠나는 것을 절대 받아들일 수 없다.

야성의 딸은 버려지고 따돌림당한 것 같아 외롭고 슬프다. 만일 이런 느낌이 든다면 그곳은 야성의 딸에게 어울리는 곳이 아니다. 이런 곳은 대개 사회적인 기준에 복종하고 맞추기를 강요하는 곳으로, 이곳에 오래 있으면 여성의 영혼과 마음, 신체가 죄다 망가진다. 이때 야성의 딸은 어머니를 버리는 강단을 발휘해야 한다. 야성을 잃은 어머니도 결국에는 야성의 딸을 버리는 결정을 할 것이다(Estés, 1994).

어머니에게 거부당하고 버림받을 때 야성의 딸은 마치 폭풍이 부는 광야에 혈혈단신으로 서 있는 것 같다. 광야를 떠도는 경험은 성숙을 위해 반드시 필요한 경험이다. 예수도 광야에서 고난을 겪었다. 홀로 처절하게 겪은 황폐함은 나중에 자아실현이라는 보석이 되어 돌아올 것이다. 그러니 이제부터는 일찍 돌아가신 어머니, 성에 차지 않는다고 딸이 마뜩잖아하는 어머니, 나를 미워하며 내친 어머니에게 감사하면서, 버림받은 자신의 운명을 축복이라 여기자.

그럼에도 이 과정은 죽을 것같이 비참하고 혹독하기 짝이 없다. 이집트 파라오가 기르던 사냥개 살루키는 사막에서 길을 잃어도 당황하지 않는다. 달리다 가만히 서서 바람의 냄새를 맡고 바람을 온몸으로 느낀다. 이런 행동은 어느 방향으로 가야 하는지 단서를 찾기 위한 행동이다. 물을 구하기 어려울 때 코끼리를 따라가면 된다. 코끼리는 어디로 가면 물이 있는지 기가 막히게 알아내는 재주가 있다.

동물처럼 야성이 살아 있는 여성은 아무리 나락에 떨어졌다 해도 삶을 절대 포기하지 않는다. 버림받은 야성의 딸은 벌떡 일어나 자기에게 어울리는 집단을 찾아 나서야 한다. 야성의 딸에게는 생모 외에 지혜를 가르쳐 줄 또 다른 어머니가 필요하다. 그것은 낳아준 어머니를 부정하라는 뜻이 아니라 야성을 되찾을 수 있는 야성의 어머니를 찾으라는 뜻이다 (Estés, 1994).

이런 과정은 씨실과 날실로 운명을 짜는 여신이 하는 일이다. 야성의 여성은 여신이 하는 대로 무엇을 죽이고 무엇을 살릴지, 삶과 죽음의 주기를 자연스럽게 탄다. 인연 또한 마찬가지다. 가는 인연은 가야 할 때가 되어서 가니 잡지 말고, 오는 인연은 올 때가 돼서 오는 것이니 막지 말자. 살 것은 살고, 죽을 것은 죽고, 끊임없이 새로운 무언가가 또다시 태어난다.

이것은 자연의 섭리를 안다는 뜻이다. 원래 여성성이란 자연스러운 순환 속에서 모든 일이 일어나고 흘러가도록 그냥 둔다. 이 과정을 존중의 눈빛으로 고요하게 바라봐야 하고, 다시 살아날 때까지 기다려야 한다. 그러면 치유가 일어나고 창조가 일어난다. 이 과정을 방해하는 그 어떤 것도 허용할 수 없다. 삶과 죽음의 주기를 따라가면 모든 것이 해결된다고 에스테스는 말했다

야성의 딸은 야성의 어머니를 한눈에 알아볼 수 있다(Estés, 1994). 또 야성의 어머니가 여럿 있다면 그것은 복 터진 인생이다. 주위를 한 번 돌아보자. 무엇을 열심히 지키는 반듯한 여성 말고, 사심 없이 불안에 떨지 않고 당당하게 사는 야성의 여인이 분명히 있을 것이다. 야성이 살아있

는 어머니만이 딸에게 또 다른 야성의 어머니가 필요하고, 여러 어머니를
두는 것이 좋다는 것을 알려줄 수 있다.

네 번째 과제- 직관이라는 검을 꺼내다

직관이란 번개같이 빠른 통찰력이고 감각이며 지혜다. 자신의 직관을
믿고 따르려면 훈련이 필요하다. 지금껏 직관을 무시하며 직관의 소리를
듣지 않았기 때문에 직관의 힘은 많이 약해져 있다. 근육을 단련하는 것처
럼 직관을 잘 사용하려면 직관의 소리를 경청하는 훈련이 필요하다. 그러
면 직관의 힘은 더 강해지고, 직관을 향한 신뢰는 더 커진다(Estés, 1994).

감정과 예감은 여성에게 내려주신 신의 선물이다. 선물 덕분에 여성은
감정을 촘촘하고 민감하게 느낄 수 있다. 감정이 섬세해지고 풍부해지는
만큼 직관력도 덩달아 선명해진다.

직관이 생기면 사람을 꿰뚫어 보는 눈이 생겨 말과 행동 뒤에 숨어있
는 의도와 동기가 훤히 보인다. 감정과 직관력이 강해지면 인간의 이기심,
위선, 배신 같은 적개심도 더 빨리 더 분명하게 알 수 있다. 그래서 사람
들에게 실망하고, 관계가 불편해질 수도 있지만, 이런 적개심은 신에게도
있다(Estés, 1994).

직관이 강해지면 '변명은 궁색하고 치사하다. 변명 말고 솔직하게 대
하자. 아닌 것은 아니다' 같이 당당한 자기주장을 할 수 있다. 돈도, 자존
심도 이익도 중요하지 않다. 야성의 여인은 거침이 없다. 이것은 오기나 객

기가 아닌 오로지 자신의 뱃심만으로 할 수 있다. 뭘 믿고 이러는 걸까? 야성의 여인 뒤에는 직관이라는 든든한 뒷배가 있기 때문이다. 직관을 잃은 여성은 불안 덩어리다.

직관은 마음속에 거슬리는 일에 무심코 지나치는 법이 없다. 개운치 않고 찜찜한 뒷맛, 석연치 않고 미진한 느낌을 알아채는 것은 매우 중요하다. 이런 느낌은 나를 보호하려는 신호이자 위험을 알리는 경고다. 거슬리는 것이 무엇인지 조용히 머물며 세심하게 살펴볼 필요가 있다. 석연치 않은 찜찜함을 해결하지 않고 그냥 지나치면, 그것은 반드시 큰 재앙이 될 거란 것을 야성의 여인은 이미 알고 있다. 직관은 야성의 여인을 최대한 보호하면서 삶을 이끈다.

직관대로 살려면 두둑한 뱃심이 있어야 하고 배포가 커야 한다. 경제적 이익이나 이권, 권력 같은 욕심과 탐욕이 없어야 한다. '무엇을 잃으면 어쩌나, 무엇을 반드시 얻어야 하는데' 같은 불안을 이겨야 할 수 있다. 세상의 뻔한 이치에 물들지 않고, 사심이 없으며 불안하지 않을수록 직관이 밝히는 힘은 어마어마하게 강해진다.

남성들은 여성의 번쩍이는 지혜라는 담대한 직관을 두려워했다. 남성의 100가지 논리와 이성이 여성의 한 가지 직관을 이기지 못한다. 그래서 남성의 가부장 사회는 여성을 두려워한 나머지 철저히 여성을 짓밟았다.

직관력은 그저 이성의 반대말이 아니다. 직관력을 이상하고 기이한 것으로 여기지 않고 영혼의 진정한 메시지로 받아들이게 되면, 직관력은 어머니가 딸에게 물려준 최고의 유산이 된다. 직관력이 계발될수록 날이 잘 선 칼처럼, 직관력은 초인적일 만큼 예리해지고, 여성성을 더 깊어지게 한다. 그렇게 되면 여성은 확신에 찬 마음으로 세상을 살아갈 수 있다. 눈에 보이지 않는 것들을 볼 수 있게 하여 과거를 일깨우고 미래를 예언한다. 직관은 근본적인 예민함이다(Estés, 1994).

다섯 번째 과제- 자기 몸을 귀하게 대하라

가부장 사회에서는 부모조차 딸의 몸을 위험하다고 여기며 통제의 대상으로 여겼다. 또 여성의 출산과 육아라는 운명을 '죄가 많은 팔자'라고 모욕을 주며 위대한 여성성을 깎아내렸다.

어떤 어머니는 딸의 젊음과 아름다움을 시기하며 질투하기도 한다. 사회의 가치에 따르면 여성은 성녀로 살아야 한다. 그러나 자신의 사랑과 본능에 따르면 영락없이 매춘부라는 굴욕을 감당해야 한다. 성녀와 매춘부라는 이중 구조에 갇힌 딸은 세상의 손가락질이 두려운 나머지 첫사랑과 섣부른 결혼을 감행한다. 모두 여성의 몸을 무시하며 불안하게 보기 때문에 일어난 일이다(Murdock, 1990).

남성의 취향에 맞춘 매력적인 몸을 가져야 여성은 가치가 있다. 그렇지 않은 여성은 게으르고 한심한, 남성의 사랑을 받기는 글러 먹은, 열등한 여성이 된다. 오늘날 여성의 아름다움은 여성이 정한 것이 아니라 남성이 정한 것이다. 여성의 내면에 있는 여신은 우리가 생각하는 그런 아름다운 여신이 아니다. 삶과 죽음을 주관하는 여신 라로바의 이야기를 보자.
야성의 여인은 해괴망칙한 모습을 하고 있다.

"머리는 산발을 한 채 꼬부라진 긴 손톱, 쭈글쭈글 주름진 얼굴을 하
고 있다. 몸은 뚱뚱하고 듬직하다. 우주의 에너지와 함께하는 라로바는
푸짐한 배로 음악에 맞춰 춤을 추며 노래를 부른다. 그녀의 퉁퉁한 배는
지혜로 가득 찼다. 야성은 태어날 때부터 가지고 나온 것이라 젊으면서도
늙었고, 늙으면서도 젊었다." '야성으로 살라'는 의미는 외모를 라로바처
럼 하고 다니라는 뜻은 아니다. 늙지 않으려 온갖 애를 쓰며 외모를 가꾸
는데 자신의 에너지를 쏟지 말고, 오로지 영혼을 가꾸는데 에너지를 쓰
라는 의미다(Estés, 1994).

야성의 여인은 자신의 몸이 뚱뚱하거나 마르거나 상관없이 자기 몸을
있는 그대로 받아들이고 자기 몸을 사랑한다. 여성의 몸은 자연과 같아
서 자연의 흐름대로 살아야 한다. 라로바는 자신의 발바닥에 있는 주름
으로 여성을 만들었다. 발바닥은 모든 것을 느끼는 신체 부위이다(Estés,
1994). 그래서 라로바가 창조한 여성은 모든 것을 꿰뚫어 볼 수 있는 직관
력이 있다. 땅과 맞닿아 있는 유일한 부위인 발바닥은 여성성이 대지와
관련 있다는 것을 의미한다.

최근에 대장에서도 세로토닌 같은 신경전달물질이 나온다는 사실이
알려졌다. 더 나아가 자궁이나 난소 유방에서도 똑같이 신경전달물질이
나온다는 사실을 증명하기 위한 연구가 진행되고 있다. 만약 그렇다면 우

리의 몸 전체가 영혼인 셈이다(Northrub, 1998). 융은 '신은 질병을 통해 찾아온다'라고 했다. 몸이 아프다는 것은 관심을 가져달라는 영혼의 외침이다.

몸은 모든 경험을 기억할 뿐만 아니라, 수많은 언어로 말한다. 몸은 스펀지와 같아서 경험하는 이미지와 감정을 세포에 죄다 순식간에 저장한다. 아프리카 잠비아, 멕시코에서는 여성의 몸은 지구라 크고 둥글어야 한다고 여긴다. 그래야 많은 것을 담을 수 있기 때문이다. 제대로 기능하는 건강한 몸이란 여러 자극을 두려움 없이 제대로 느끼는 몸을 말한다. 어떻게 생겼든 간에 즐겁고 행복하며 마음껏 움직이고 춤출 수 있으면 된다(Estés, 1994).

야성의 여인은 사회적인 아름다움의 기준에 자기 몸을 맞추며 학대하며 미워하지 않는다. 완경을 맞아 몸이 뚱뚱해지고 더 이상 아이를 낳을 수 없는 몸이 되었다고 한탄하지 않는다. 아이를 기를 수 없는 자궁은 이제 지혜를 담는 커다란 주머니가 되었다. 주머니가 많이 담겨야 하는 배는 통실통실 살이 있어야 한다(Northrub, 1988). 실제 뚱뚱한 야성의 여인의 경우 당뇨나 고혈압 같은 성인병의 징후를 전혀 발견할 수 없었다는 보고도 있다. 그저 내면의 영혼이 살아 숨 쉬는 몸이면 그저 아름답다. 여성의 몸은 아기를 만들고 낳을 수 있는 창조력 그 자체다. 그 옛날 여성에게 내려졌던 풍요로움과 신성에 더해 여성은 몸의 영적인 측면도 되찾아야 한다.

어머니는 존재를 있게 만든 위대한 뿌리다.

그러나 어머니의 위대한 사랑에 대한 고마움과 그리움에 젖어 있는 것,

혹은 어머니의 왜곡된 사랑에 원망을 하며 자녀에게 완벽한 사랑을 주려고

일생을 바치는 것 모두 모성 원형에 압도되었다는 것은 매한가지다.

가장 중요한 것은 모성 원형에서 벗어날 만큼 튼튼한 자아를 만드는 것이다.

그 다음 무시되어 왔던 여성성을 다시 들여다 보는 것이다.

여성은 여성성을 제대로 이해하면서, 자기 내면에만 집중하면 된다. 그 이유는

우리 모두가 도달하려고 한 그곳이 바로 여성성이라는 전체성이기 때문이다.

어머니에게 버림받은 여성들은 하늘의 복을 받은 딸들임을 잊지 말자.

참고문헌

Birkhäuser-Oeri, S. (2003). Die Mutter im Marchen. Analytical Psychology Center.

Estés, C. P. (1994). Women Who Run with the Wolves: Myths and Stories of the Wild Woman Archetype Mass .Market Paperback.

Sharp, D. (1992). The Survival Papers. Inner City Books.

Jaffe, L.W.(1990). Liberating the heart : spirituality and Jungian psychology. Inner City Books

Johnson, R. A.(1989) Understanding Feminine Psychology. Harper Collins Publishers.

Johnson, R. A.(1991). Owning your own shadow. Harper Collins Publishers.

Johnson, R. A.(2009). Inner Works, Harper & Row.

Jung, C. G.(1958) Psychologie der Übertragung. Praxis der Psychoberapie. G. W. Bd16, Zürich :rascher Verlag.

Jung, C. G.(1968). The Atchetypes and the collective unconscious, 2nd Ed. London & New York : Routledge.

Jung. E. (1978). Anima and Animus. Spring Publish

Jung, C. G(1981). The Archetypes and the Collective Unconscious. Princeton University Press.

Jung, C. G(2002). 원형과 무의식(융 기본 저작집2). 출판사 : 솔

Jung, C. G(2007). 카를 융, 기억, 꿈, 사상, 조성기 역. 김영사

Jung. E. (1978). Anima and Animus. Spring Publish

Neumann, E.(1994) The Origins and History of Consciousness. Princeton University Press.

Northrup, C.(1998). Women's bodies, women's wisdom. Bantam books.

Murdock. M.(1990). The Heroins Journey: Women's Quest for Wholeness. Shambhala Publications Inc.

Sanford, J. A.(1984). Invisible partners : how the male and female in each of us affects our relationships. Paulist Press

von Franz. M-L.(1994), Archetypische Dimensionen der seele, Einsiedeln : Daimon
Verlag. 인간과 무의식의 상징. 집문당

고혜경(2010). 태초에 할망이 있었다. 한겨레출판

고혜경(2014). 나의 꿈 사용법. 한겨레출판

뒤르뮐러 사클린(2007). 삶과 죽음, 죽음과 삶 심상영 옮김. 한국심층심리연구소

샤프 데릴(2008), 융, 중년을 말하다. 류가미 옮김. 코리아P&P

암만 루트(2009). 융심리학적 모래놀이치료. 분석심리연구소

비틀링어 아놀드(2010). 칼 융과 차크라. 슈리 크리슈나 다스 아쉬람

데오도르 압트 데오르드(2008). 융 심리학적 그림해석. 이유경 옮김. 분석심리학연구소

야훼 엮음(2002). C. G. 융의 회상, 꿈 그리고 사상. 이부영옮김 집문당

융(2010). Red Book. 김세영 옮김. 부글

융 외(1996). 인간과 상징. 열린책들

융 외(2007). 무의식의 분석. 홍신문화사.

이부영(2001). 남성 속의 여성, 여성 속의 남성, 아니마와 아니무스. 분석심리학의 탐구2. 한길사

이부영(2007).자기와 자기실현-분석심리학탐구3. 한길사

이부영(2008). 분석심리학. 일조각.

이부영(2014). 분석심리학 이야기. 집문당

이유경(2008). 원형과 신화. 분석심리학연구소.

정재서(2023), 정재서 교수의 새로 읽는 이야기 동양신화. 김영사

폰프란츠(2007) 융심리학과 고양이. 심상영 옮김, 한국심층심리연구소

폰 프란츠(2016). C.G.융 우리시대 그의 신화, 이부영 옮김. 한국융연구원

폰 프란츠(2019). 창조신화. 김현진 옮김. 한국융연구원.

MEMO

MEMO

쉽게 읽는 융의 분석심리학과 가족

초판 1쇄 인쇄	2025년 1월 10일
초판 1쇄 발행	2025년 1월 12일
지은이	김수연
기획	정강욱 이연임
편집	백예인
디자인	윤단비
일러스트	김미라
출판	리얼러닝
주소	경기도 파주시 탄현면 고추잠자리길 60
전화	02-337-0333
이메일	withreallearning@gmail.com
출판등록	제 406-2020-000085호
ISBN	979-11-988408-5-1

이 책은 저작권법에 따라 보호받는 저작물이므로 무단 전재와 복제를 금지하며,
이 책의 전부 또는 일부를 이용하려면 반드시 저작권자와 도서출판 리얼러닝의 동의를 받아야 합니다.